D1723004

Führer in die BASILIKA
SANKT PETER

Libreria Editrice Vaticana - ATS Italia Editrice

Questo volume è disponibile anche in lingua italiana
This volume is also available in English
Ce volume existe aussi en langue française
El presente libro está publicado también in castellano

Ich glaube, mit recht behaupten zu können, dass es mit dem vorliegenden Führer über die patriachalische Peterskirche im Vatikan gelungen ist, auf wenigen Seiten alle wichtigsten Elemente zusammenzufassen, die für das tiefe Verständnis der in ihr beherbergten Reichtümer ausschlaggebend sind. Der historische, künstlerische und vor allem religiöse Aspekt machen diese herrliche Kirche zu einem vortrefflichen Beispiel dafür, was der Glaube der vielen Gläubigen im Laufe der Jahrhunderte zu schaffen vermochte.

Der Pilgerer wird von Seite zu Seite auf einfache und didaktische Weise geführt. Dabei wird er mit Schlichtheit und gleichzeitig tiefem Scharfsinn begleitet. Dies soll ihm helfen, die grundlegenden Themen zu entdecken und zu verstehen. Von diesen Themen sind Christen über Jahrhunderte hinweg dazu inspiriert worden, mit Kunstfertigkeit und Mühe die größte Kirche der Welt zu erbauen und zu schmücken, angefangen bei Konstantin bis hin zu unserer Zeit.

Das Buch orientiert sich an der Verehrung der Figur des Apostels Petrus. Sein Grabmal befindet sich unter dem Baldachin von Bernini. Darum findet man die zahlreichen Kunstwerke, die die Architektur, Bildhauerei und Malerei zu Ehren der Herrlichkeit Gottes und zum Gedenken an den Apostel Petrus hervorgebracht haben. Die herrliche Basilika wird auch zu einem Instrument, das die Seele zu Gott erhebt. Sie läßt den Besucher verstehen, wie das Schöne auf einfache Weise zum Schöpfer führen kann.

Der Leser wird auf diesen Seiten dazu eingeladen, seinen Glauben in die Kirche zu vertiefen. Diese hat mit dem Apostel Petrus ihren ersten Papst gehabt. Jesus hat ihm ausdrücklich gesagt: "Du bist Petrus, und auf diesen Felsen will ich meine Kirche bauen."
(Matthäus 16,18)

Diese Seiten werden dem Besucher helfen, zurück in ihrer oft fernen Heimat, die Emotionen, die sie beim Besuch des Grabmals des Petrus verspürt haben, wieder aufleben zu lassen. Auf diese Weise wird in ihrer Seele das Andenken an die unvergesslichen Momente in der grandiosen vatikanischen Basilika Sankt Peter wachgehalten.

Francesco Kard. Marchisano
*Erzpriester der patriachalischen Basilika
Sankt Peter im Vatikan
Präsident der päpstlichen Kommission
für Kulturgüter der Kirche*

Die vatikanische Basilika ist das größte Sanktuarium der Christenheit. Sie ist dem Apostel Petrus gewidmet und wurde auf dessen Grabmal erbaut. Man ist der Meinung, dass der Name „Vatikan" auf die Tatsache zurückgeht, dass sich auf dem Hügel schon zu etruskischer Zeit ein Tempel befand. Dieser war einer wahrsagenden Gottheit geweiht. Ihre Priester wurden Vates genannt. Laut Plinius hingegen kommt der Name daher, weil die Römer von der Stimme eine Vates (Wahrsagers) dazu aufgerufen wurden, das von den Etruskern besetzte rechte Tiberufer zu erobern.

*Grundriß des antiken Vatikans
Stich von Carlo Fontana,
Der Vatikanische Tempel, 1694*

AGER VATICANUS

Die Sankt Peters Kirche im Vatikan erhebt sich in einer Zone, die in der Antike Vaticanum genannt wurde. So wurde das Gebiet auf dem rechten Tiberufer zwischen dem Fluss und dem Janushügel bezeichnet. Nach dem Bau der Aurelianischen Mauer, verwandelte sich die vatikanische Ebene in ein Siedlungsgebiet außerhalb der Stadt. Die neue Stadtmauer wurde auf Geheiß des Kaisers Aureliano (270-275 n.Chr.) erbaut und ersetzte den alten Schutzwall aus der republikanischen Zeit. In diesem Siedlungs gebiet im Grünen und fern des städtischen Verkehrs, ließ Agrippina, Gattin des Germanico und Mutter Caligolas, ihre Villa erbauen. Ihr Sohn Caligola ließ in den Gärten seiner Mutter einen privaten Zirkus errichten, um sich im Rennen mit dem Streitwagen zu üben. Der Zirkus war 600 Meter lang und fast 100 Meter breit. Er erstreckte sich links der heutigen Basilika und war von dem Obelisken, der sich jetzt in der Mitte des Petersplatzes befindet, gekennzeichnet. Bald wurde der Zirkus zum wichtigsten Bauwerk in der gesamten Zone. Nach dem Tod des Kaisers ging der Zirkus mit den danebenliegenden Gärten an seinen Nachfolger Claudius über und nach dessen Tod an Nero. Dieser benutzte ihn nicht nur für Wagenrennen mit dem Viergespann sondern brachte dort auch die Überlebenden der Feuersbrunst, die im Juli 64 Rom verwüstete, unter. Daraufhin verwandelte er den Zirkus in den Schauplatz der grausamen Christen verfolgungen. Die Christen waren der Brandstiftung beschuldigt worden. Tausende von Christen wurden zwischen 64 und 67 n. Chr. gekreuzigt oder bei lebendigem Leibe verbrannt. Unter ihnen fand auch der Apostel Petrus den Tod. In der Nähe des Ortes seines Martyriums veranlasste Kaiser Konstantin zum Schutz und Andenken an den berühmten und beliebten Märtyrer den Bau einer Kirche.

*Blick auf den Zirkus des Nero
Stich von Carlo Fontana,
Der Vatikanische Tempel, 1694*

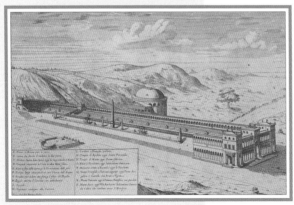

Diese sollte zu einer der schönsten Basiliken des Christentums werden. Mit den Worten auf diesen Felsen will ich meine kirche bauen aus dem Matthäusevangelium (16, 18 – 19) verleiht Christus Petrus eine Sonderstellung unter seinen Jüngern und erhebt ihn an die Führung seines Volkes. Wer aber war Petrus, der zum Apostelfürsten, ersten Vikar Christis und ersten Bischof Roms wurde? Sein richtiger Name war Simon und in Cafarnao, der Stadt, wo er zusammen mit seinem Bruder Andreas lebte, war er Fischer von Beruf. Während er auf dem See von Genezaret fischte, forderte Jesus ihn auf, ihm nachzufolgen.

Fortan nannte er ihn *Kephas*, das bedeutet in aramäisch Felsen, daher auch der lateinische Name Petrus. Sein Aufenthalt in Rom wird in den Schriften von Autoren bezeugt, die wenige Zeit nach ihm gelebt haben. Diese bestätigen auch seinen Märtyrertod während der Christenverfolgungen unter Nero. Laut der Überlieferung Tertullianos (160 ca. – 225) wurde Petrus auf eigenen Wunsch hin mit dem Kopf nach unten gekreuzigt. Er bat seine Hinrichter hartnäckig darum, das Kreuz umzudrehen, da er sich für unwürdig erachtete, in der gleichen Position wie Christus zu sterben. Der einfach Fischer Petrus hätte sicher all dies nicht für möglich gehalten.

Sein Grabmal ist mit der Konstruktion des größten Tempels der Christenheit über Jahrhunderte hinweg überliefert und verehrt worden.

Petrus

Giuseppe De Fabris,
Sankt Peter
(1847) Kirchplatz

Das Grabmal

Die vatikanische Ebene wurde von drei Straßen durchquert: der Aurelia, Trionfale und Cornelia. Entlang der letzteren, in der Nähe des neronischen Zirkus, befand sich eine Nekropolis, ein Friedhof unter freiem Himmel. Die Mausoleen waren große Räume mit Gewölbedecken. Sie waren nach Osten, dem Sonnenaufgang hingewandt und gehörten den Familien der reichen freien Bürger. Im Inneren fand man elegante Malereien, Stuckdekorationen und in einigen Mosaikverkleidungen. Der Leichnam des Petrus war in dieser Zone begraben, in der Nähe des Ortes seines Martyriums. Im Gegensatz zu den prächtigen Mausoleen in der Nähe war seine Grabstätte bescheiden: ein grabäedikola hervorgehoben durch ein einfaches kleines Denkmal. Es bestand aus zwei darüberliegenden Nischen und einer Platte, die von zwei Säulen gestützt wurde. Diese Ädikola ist heute unter dem Namen „Trophee des Gaius" bekannt. Eine Definition, die in den allgemeinen Sprachgebrach eingegangen ist nachdem der Kirchenstoriker Eusebio di Cesarea (Mitte des VI. Jahrhunderts) in seiner „Kirchengeschichte" die Worte des Diakons Gaius überliefert hatte. Dieser hatte um das Jahr 200 herum in Rom gelebt. Er war der Protagonist eines Disputes mit dem Häretiker Proclo. Dieser rühmte sich mit dem Bestehen von bedeutenden Apostelgräbern in Ierapoli, in Kleinasien. Gaius hielt ihm die „Trophee" der Apostel Petrus und Paul im Vatikan und auf der Via Ostiense entgegen. Diesem Zeugnis wurde so große Bedeutung beigelegt, dass als man im Zuge von Ausgrabungen unter der Vatikanischen Konfession den kleinen Gedenkädikula des Apostels fand, ihn die „Trophee" des Gaius nannte. Auf dieser Ädikola, die sofort zu einem Ort der Veehrung wurde, ließ Kaiser Konstantin ein Marmordenkmal errichten. Nach ihm wurden exakt auf der selben Vertikalen der Altar des Kallistos II. im Jahre 1123 und der Altar des Klemens VIII 1594 erbaut. Trotz aller Wandel im Laufe der Jahrhunderte liegt das Kreuz auf der Kuppel Michelangelos auf einer imaginären Achse genau über dem Grabmal des Petrus und zeigt dem, der nach Rom kommt, dass sich an diesem bestimmten Ort das Grab des Apostelfürsten befindet.

Iter, antike Straße auf der sich die Mausoleen, die Vatikanische Nekropolis und die Vatikanstadt befanden.

DIE BASILIKA VON KAISER KONSTANTIN

Aufriß des Inneren der konstantinischen Basilika,
Stich von Carlo Fontana, DerVatikanische Tempel, 1694

Um die mittelalterliche Basilika zu erbauen, mussten Kaiser Konstantin und seine Architekten enorme rechtliche, finanzielle und technische Probleme lösen. Das erste wirkliche Problem war die Nekropolis, ein Friedhof, der zu damaliger Zeit noch in Betrieb war. Das römische Recht hatte großen Respekt für die Verstorbenen und garantierte die Unverletzlichkeit der Grabmäler. Eventuelle Umlagerungen oder der Abriss konnten nur vom Pontefix Maximus, das heißt vom Kaiser bewilligt werden. Um einen Interessenkonflikt mit den mächtigen Familien der Besitzer der Mausoleen zu vermeiden, wurden sie nicht zerstört sondern mit Erde aufgefüllt. Mit dieser Lösung wurde zwar der Zutritt zu den Grabmälern für immer verwehrt, die dort beigesetzten Leichname und Grabkonstruktionen blieben aber intakt. Das zweite Problem war die Bodenbeschaffung, das es schwierig war auf dem Hang des Hügels ein mächtiges Gebäude zu errichten. All diese Hindernisse schreckten den Kaiser nicht ab: Die Arbeiten begannen mit der Einebnung des oberen Teils des Hügels und mit der Schaffung von robusten bis zu 7 Meter hohen Gegenstützen am Fusse. Keine Schwierigkeit hätte den Bau aufhalten können, zu groß war die Überzeugung, dass das Heiligtum sich genau auf dem Ort, an dem Petrus nach dem Märtyrertod beigesetzt worden war, befinden sollte.

Noch während der Bauarbeiten weihte Papst Silvester das Gebäude aber weder er noch der Kaiser erlebten die Fertigstellung.
Die Basilika wurde kurz vor 350 unter Kaiser Konstanz I., dem zweiten Sohn Kaiser Konstantins beendet.

Seitenansicht der konstantinischen Basilika
Stich von Carlo Fontana,
Der Vatikanische Tempel, 1694

Das Äußere

Hahn aus Bronze
Schatzmuseum der Vatikanischen Basilika

Als die konstantinische Basilika fertiggestellt war, erschien sie vor den Augen ihrer Zeitgenossen wunderschön. Um in sie einzutreten, musste man 35 Stufen hinaufsteigen. Am Fuße der Treppe standen Statuen der Heiligen Petrus und Paulus. Am Ende der Treppe gelangte man in den Quadriportikus mit dem Glockenturm auf der rechten Seite, dem höchsten Roms. Auf der Spitze glänzte eine vergoldete Bronzekugel mit einem Bronzehahn zur Erinnerung an das Leben des Petrus. Wenn man durch die Tore schritt, gelangte man in einen großen Hof. Dieser war 56 Meter lang und 62 Meter breit und an vier Seiten von einem Quadriportikus aus 46 Säulen begrenzt. Zu Anfang war das Innere mit Blumen und Hecken geschmückt. Später wurde der Hof gepflastert und in der Mitte ein „Contharus" errichtet. Dies war ein Brunnen für die Waschungen, der mit einem von acht Porphyrsäulen gestützten Bronzebaldachin überdacht war. Im oberen Teil wies er zwei dekorative Bronzepfauen und vier vergoldete Delphine auf. Gitter und Geländer schützten einen großen Pinienzapfen aus Bronze von römischer Herstellung. Diesen findet man heute im gleichnamigen Hof der Vatikanischen Museen.
Die gesamte Fassade war mit Mosaiken verziert mit Darstellungen, die in drei Abschnitte unterteilt waren. Aus der Spitze befand sich

Cantharus, Stich

Die architektonischen Formen

In der Architektur bezeichnet der Ausdruck "croce", it. Kreuz, den Grundriss einer Kirche in dieser Form. Die gebräuchlisten Grundrisse sind: das griechische Kreuz, ein Gebäude mit vier gleichlangen Armen. Das lateinische Kreuz (siehe Abbildung), ein Gebäude mit gewöhnlich drei oder Längsschiffen, die von einem Querarm durchschnitten werden. Dieser wird Transept genannt und kann seinerseits drei Kirchenschiffe umfassen, wie beim Mailänder Dom. Das Crux immissa, hier befindet sich das Transept am Ender des Längsschiffes, das Grundriss hat die Form eines T.

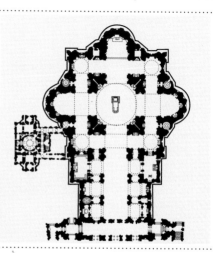

ein Marmorkreuz.
Fünf tore fürten ins Innere der Basilika

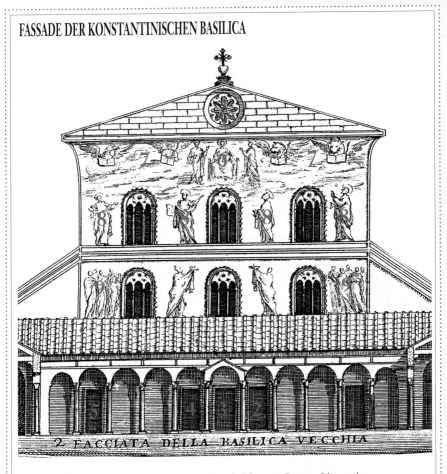

FASSADE DER KONSTANTINISCHEN BASILICA

1) **Porta Guidonea** (vom it. Guida, Führer, weil durch sie die Pilgerer ins Innere geführt wurden

2) **Porta Romana** (hier wurden die Siegesinsignien aufgehängt und durch sie konnten nur römische Bürger eintreten).

3) **Porta Argentea** (mit Silberplatten verkleidet, die von Gregor I. (590-604) angebracht worden waren.

4) **Porta Ravenniana** (durch sie konnten nur die Bewohner des anderen Tiberufers eintreten, eine Zone, die *civitas ravennatium* genannt wurde)

5) **Porta Iudici II** (durch sie zogen die Beerdingungsumzüge)

6) **Christus der segenspendende Erlöser**, die Jungfrau and der Heilige Petrus (Mosaik von Papst Gregor IV. (828-844) in Auftrag gegeben und von Papst Gregor IX (1227-1241) restauriert

7) **Die vier Symbole der Evangelisten**

8) **Die Evangelisten**

9) **Die Hetter der Apokalypse**

Das Innere

Das Innere in Form des lateinischen Kreuzes hatte einen großen Raum mit Absis und war 90 Meter lang, 84 Meter breit und in fünf Kirchenschiffe unterteilt. Das Mittelschiff war über 23 Meter breit und von den Seitenschiffen durch vier Reihen mit jeweils 22 Säulen getrennt. Am Tag fiel das Sonnenlicht durch 72 Fenster ins Innere ein. Die Fenster waren zuerst mit Metallplättchen bedeckt und später mit durchlöcherten Marmorplatten. Papst Sankt Leo IV. (847 – 855) ließ sie mit Alabaster und Glas verkleiden und im 15. Jahrhundert, nachdem man die Fensterrahmen aus Backstein mit Mamorrahmen ersetzt hatte, wurden bunte Glasfenster eingesetzt. Zusätzlich zum Tageslicht brannten Tag und Nacht immer zirka 700 Lämpchen, 122 davon allein rund um das Grab des Petrus. Um den scharfen Geruch des verbrannten Öls zu überdecken, brannten in einigen Lampen Parfum und orientalische Balsame, die in der gesamten Basilika einen angenehmen Wohlgeruch verströmten. Die Wände des Mittelschiffes waren mit einem großen Freskenzyklus dekoriert, das Geschichten aus dem Alten und Neuen Testament auf zwei übereinanderliegenden Registern darstellte. Die Szenen aus dem Alten Testament zeigten die Schöpfungsgeschichte und den Exodus und befanden sich auf det rechten Wand. Auf der gegenüberliegenden Wand waren Szenen aus dem Leben und der Passion Christis dargestellt. Der Kreuzigung war eine Sonderstellung eingeräumt. Als einzigste war sie über zwei Register im Zentrum des Kirchenschiffes abgebildet. In dem oberen Abschnitt zwischen den Fenstern fand man Gemälde von Patriarchen, Propheten und den Aposteln. Alles was nicht mit Fresken versehen war, war komplett mit kostbarem Marmor, Mosaiken, Basreliefs, Statuen und Metallen verkleidet. Neben dem Altar der Beichte, der sich über dem Grab des Petrus befand und an dem nur der Papst Messe halten konnte, gab es siebzig weitere Altare in der Basilika, davon waren allein 16 der Heiligen Jungfrau geweiht.

Innenraum

Ein Triumphbogen trennte den zentralen Raum vom Querschiff. Der Querraum war 90 Meter breit, ragte aus den Außenmauern heraus und war sehr viel niedriger als das Mittelschiff. Das Grab des Petrus lag in der Nähe der hinteren Absis und war damals wie heute noch das Herz und Zentrum der Basilika.

Das Grab des Heiligen Petrus wurde sofort zu einem Wallfahrtsort und wurde mit dem Wort „Konfession" bezeichnet. Auf Latein bedeutet dieses Wort das Bezeugnis einer Wahrheit bis hin zum Tod. Wenn ein Märtyrirer sein Blut für Christus vergießt, verkündet er in einem Akt von höhstem Zeugnis seinen Glauben. Unter Konstantin war die einfache Ädikola, die das Grab des Petrus schützte von einer Marmorkonstruktion umgeben, die nur auf der Vorderseite offen war, um den Gläubigen den Blick auf das Grab zu gestatten. Drei Jahrhunderte später ließ Papst Gregor der Große (590-604) das Bauwerk aus der Zeit Konstantins verändern, da er genau auf dem Grab des Apostels Messe feiern wollte. Der Fußboden des Presbyteriums, eine ausschließlich dem Klerus vorbehaltene Zone, wurde angehoben, um den Zutritt in das Grabmal zu ermöglichen. Außerdem wurde ein unterirdischer Korridor rund um das Grab erbaut. Die neue Anlage wurde vom Rest der Basilika durch eine doppelte Reihe von sechs gewundenen Säulen getrennt, die innerste wurde von Chorschranken abgeschlossen. Im Jahre 1123 ließ Papst Kalixtus II. den Altar von Gregor dem Großen in einem neuen Altar einschließen und 500 Jahre später wiederholte Klemens VIII. die gleiche Prozedur, indem er einen neuen Altar, den heutigen, über dem des Kalixus erbaute.

Die Konfession

Die Beichte

DIE NEUE BASILIKA

Modell der konstantinischen Basilika

Über 12 Jahrhunderte lang hatte die konstantinische Basilika Pilgerer aus aller Welt empfangen, die nach Rom gekommen wahren, um dem Grab des ersten Stellvertreters Christis Ehre zu erweisen. 1506 ging dieses berühmte und viel bewunderte Gebäude zusammen mit den enormen historischen Schätzen, die sich im Laufe der Jahrhunderte angesammelt hatten, weitgehend verloren, um Platz für die heutige Basilika zu schaffen.

Die Geschichte der konstantinischen Basilika endet am 15. November 1609, als die letzte Messe vor dem Abriss der Reste des antiken Gebäudes gefeiert wurde. Die konstantinische Basilika verschwand nach und nach.

Niccolò V
(1447-1455)

P ɀoɋ

Nach 1451 hatte Niccolò V Parentucelli Bernardo Gamberelli, auch Rossellino genannt, mit der Vergrößerung und Restaurierung der antiken Basilika beauftragt. Rossellino hatte in seinem Entwurf eine Kirche mit dem Grundriss in Form eines lateinischen Kreuzes und einem davorliegenden Säulengang vorgesehen.

Julius II
(1503-1513)

P ɀ1Ɉ

Nach parzialen baulichen Eingriffen wurde unter Papst Julius II das enorme Vorhaben wieder aufgenommen. Der Papst beauftragte Donato Bramante mit dem Entwurf der neuen Basilika. Der Architekt erdachte ein Gebäude von quadratischer Form, das von einer mit mächtigen Pfeilern gestützten Kuppel überragt wurde und fast wie schwebend in den Himmel streben sollte. Von der Kuppel gingen vier Armen in Form des griechischen Kreuzes aus, die im Inneren in einer runden Absis endeten und außen in einer geraden Linee. Am 18. April 1506 legte Julius II im Fundament des Pfeilers der Veronika den Grundstein für die neue Basilika. Auf einer Seite stand geschrieben: Im Jahre 1506 restaurierte Julius Ligure, Pontefix Maximus den vom Verfall bedrohten Tempel des Heiligen Petrus vom Fundament auf. Auf der Rückseite befand sich keine Inschrift, deshalb wurde der Stein nicht in den Fußboden eingelassen sondern an die Wand gelehnt. Der

Der Pfeiler der Veronika

frühe Tod Bramantes am 11. April 1514 und die Schwierigkeiten bei der Umsetzung des Entwurfes verhinderten die Weiterführung der Arbeiten. Vor seinem Tod hatte Bramante allerdings seinen Entwurf überarbeitet und einen zweiten mit Entwicklung hin zur Form des lateinischen Kreuzes erdacht. Letzterer wurde später dann von Raffaello Sanzio wieder aufgenommen als er von Leone X Medici zusammen mit Bruder Giocondo da Verona und dem fast siebzigjährigen Giuliano da Sangallo mit der Fortführung der Arbeiten betraut wurde.

Leo X ernannte Antonio da Sangallo den Jüngeren zum Leiter der Bauarbeiten. Dieser war schon seit 1505 Assistent Bramantes. Ihm stand seit 1520 der Architekt und Maler Baldassarre Peruzzi aus Siena zur Seite. Trotz dieses Wandels kamen die Bauarbeiten 15 Jahre lang nur schleppend voran, bis ein neuer Papst die Situation mit Energie und Entschlossenheit anpackte.

1536 bestätigte der erst zwei Jahre zuvor erwählte Papst Paul III Farnese den Architekten Antonio da Sangallo in seinem Amt. Er beauftragte ihn mit einem neuen Entwurf und mit der Restaurierung und Festigung der schon errichteten Teile. Im August 1538 wurde zwischen der elften und zwölften Säule eine Trennwand eingezogen, die das Durcheinander der immer größer werdenen Baustelle von den Resten der konstantinischen Basilika trennte. Drei Jahre später, nach dem Beschluss der Vertreter der Fabbrica die Gehälter der Architekten bis zur Fertigstellung eines Holzmodells einzustellen, ließ Sangallo eine große Holzplastik des Projektes aus Weisstanne, Ahorn, Linde, Pappel, Nuss baum und Kastanie anfertigen. Dies sollte auch dazu dienen, dem Papst die Ergebnisse der Plannung vor Augen zu führen. Dieses Modell wird heute noch in der Fabbrica Sankt Peters aufbewahrt und ist 7.36 Meter lang, 6.02 Meter breit, 4.68 Meter hoch und wiegt

Leo X P 218
(1513-1521)

Paul III P 221
(1534-1549)

Antonio da Sangallo der Jüngere,
Holzmodell der Basilika
Fabbrica Sankt Peter

Michelangelo,
Holzmodell der Kuppel
Fabbrica Sankt Peter

sechs Tonnen. Für dieses beindruckende Werk wurden 5500 Goldmünzen bezahlt, eine Summe, die für den Bau einer richtigen Kirche ausgereicht hätte. Von diesem ehrgeizigen aber unrealisierbaren Projekt wurden allerdings nur wenige Details umgesetzt: die Festigung der von Bramante errichteten Pfeiler, die Anhebung des Bodens der neuen Basilika um 3.20 Meter. Somit wurde in dem zuvor zu hohem und schmalen Komplex eine gleichmäßigere Beleuchtung und eine harmonischeres Gleichgewicht zwischen den verschiedenen Bauteilen geschaffen.

1546 verstarb Sangallo und im Januar des darauffolgenden Jahres ernannte Paul III offiziell den berühmten Michelangelo zum neuen Architekten.

Seit dem Beginn der Bauarbeiten waren 40 Jahre vergangen. Michelangelo lehnte die Arbeiten seines Vorgängers ab und knüpfte an die Ideen Bramantes an, allerding mit einer kräftigeren und vereinfachten Konzeption. Sein Projekt Sankt Peters sollte wie er selbst schrieb „ nicht konfus wie das von Sangallo, sondern klar und hell" sein. Die Dekoration der Aussenflügel wurde fast wie bei einer Skulptur geformt und auf dem hohen Unterbau der äusseren Strukturen plante er die Errichtung der größten Kuppel der Neuzeit. Als er 1564 verstarb, war man mit dem Bau der Kuppel nur bis zur Trommel angelangt. Die Kuppel blieb unvervollständigt bis zum 19. Januar 1587 als Papst Sixtus V Peretti Giacomo Della Porta zusammen mit Domenico Fontana mit der Fertigstellung beauftragte. Della Porta folgte den Anleitungen des noch von Michelangelo angefertigtem Holzmodell, wenn auch nicht absolut getreu: Die Kuppel war ursprünglich als Rundbogen geplant, wurde dann aber in eine gestrecktere Wölbung abgeändert, um den Vertikalismus zu unterstreichen. Zwischen dem 15. Juli und August 1587 begann man nach der Fertigstellung der Attika damit, die Kuppel zu drehen. Zwischen dem 22. Dezember 1588 und dem 14. Mai 1590 wurde der obere Ring, der die Lanterne stützt, beendet. Am 19. Mai feierte Papst Sixtus V mit einer Messe im allgemeinen Freudentaumel und mit Feuerwerk die Schliessung der Öffnung der Lanterne. Anstatt wie vorhergesehen zehn Jahren Bauzeit, waren nur knapp 22 Monate vergangen.

MICHELANGELO BUONARROTI, BILDHAUER, ARCHITEKT, MALER UND POET WURDE 1475 IN CAPRESE GEBOREN UND VERSTARB 1564 IN ROM.

Von seinem Vater wurde er zu den humanistischen Studien mit Francesco von Urbino gebracht und sehr bald zeigte sich sein künstlerisches Talent. Im April 1488 trat er in die Werkstatt von Ghirlandaio ein und schon ein Jahr später besuchte er die mediceischen Gärten von San Marco, wo er unter Anleitung von Bertoldo di Giovanni die dort aufbewahrten antiken Skulpturen studieren konnte. In Lorenzo il Magnifico fand er einen Bewunderer und so wurde er im Palast in Via Larga empfangen und bekam Zutritt zu den mediceischen Kreisen der Gelehrten. In Folge der politischen Ereignisse und erschüttert von den Predigen Girolamo Savonarolas flüchtete er 1499 aus Florenz und hielt sich ein Jahr lang in Bologna auf. 1496 siedelte er nach Rom über, wo er eine Periode von intensiver und geglückter Arbeit erlebte, die mit der Ausführung der Pietà eingeleitet wurde. Er reiste zwischen Rom und Florenz hin und her und im Jahre 1505 nachm er mit Begeisterung den Auftrag von Julius II. della Rovere an, der ihn mit der Schaffung eines grandiosen Grabmales beauftragte. Der Papst und der Künstler hatten eine enge Bindung und 1508 unterschrieb Michelangelo den Vertrag zur Dekoration des Gewölbes der Sixtinischen Kapelle. Dies war der Beginn einer Beziehung mit dem Hof in Rom, die nur mit dem Tod des Künstlers enden sollte und Werke hinterlassen hat, die in die Kunstgeschichte eingegangen sind: Die Grabmäler der Medici in der neuen Sakristei zu San Lorenzo in Florenz für Klemenz VII. Medici, die Wand mit dem Fresko Das Jüngste Gericht in der Sixtinischen Kapelle und die Fresken in der Cappella Paolina für Paul III. Farnese.

Der Beschluss die Reste der antiken Basilika entgültig abzureißen und die Fertigstellung der neuen Kirche zu beschleunigen, wurde von dem im Jahre 1605 erwählten Papst Paul V. Borghese gefasst. Am dringensten war die Beendigung der Konstruktion und der Bau der Fassade. Man verzichtete auf den Grundriss in Form des griechischen Kreuzes, zum einen weil der damalige Zeitgeschmack eine andere Aufteilung des Raumes vorsah und zum anderen weil die Anlage Michelangelos die liturgischen Bedürfnisse nicht befriedigte. Ausserdem hatte sich der Entwurf als unzureichend erwiesen, da er nicht erlaubt hätte, in den neuen Seitenkapellen die gesamte Fläche der von Papst Silvester geweihten Basilika einzuschließen. 1607 wurde ein Wettbewerb ausgeschrieben, den Carlo Maderno da Bissone (Lugano), der Neffe Domenico Fontanas, gewann. Es verschwanden somit Kapellen, Altare, Oratorien, Bogengang, Atrium mit Papst-und Kaisergräbern, die Segensloge und der Glockenturm. Auf aussprüchlichem Wunsch des Papstes hin, wurden die Überreste der Grabmäler in der Gruft untergebracht. Diese waren bis 1939 ein schmaler, niedriger Raum. Erst nach der Restaurierung ist sie zu einem Ort der Besichtigung und des Gebetes an den Monumenten der verstorbenen Päpste geworden. Am Palmsonntag 1615 konnte man zum ersten Mal die komplett erneuerte Basilika bewundern, noch ohne die von größtenteils von Bernini ausgeführten Verzierungen. Bei seinem Ableben am 28. Juni 1621 hinterließ Paul V. den Einwohnern Roms die größte Kirche der Christenheit mit vollständig fertiggestellten Außenstrukturen und angefangenen Innendekorationen.

Paul V
P 234
(1605-1621)

Paul V.
Ölgemälde, Fabbrica Sankt Peter

DIE BESICHTIGUNG

DER PLATZ

Die Vatikanische Basilika, Stich

Petersplatz und das Viertel "spina di Borgo"
Vor dem Abriss

Man hat schon wenn man sich der Basilika von Weitem nähert, eine frontale Ansicht. Zur Schaffung dieses visiven Durchbruchs opferte 1950 der Architekt Marcello Piacentini die *Spina di Borgo*, eine Gruppe kleiner Häuser, die den Eingang zum Petersplatz verdeckten. Diese Lösung war schon von Bernini selbst in Betracht gezogen worden. Er sah allerdings einen weniger drastischen Eingriff vor und die visive Schließung des Platzes durch eine dritte Kolonnade. Man hat somit einen besseren Blick von Weitem auf die Fassade und die Kuppel, allerdings ging dabei aber der Überraschungseffekt verloren. Besucher und Gläuber in der Vergangenheit waren fasziniert wenn sie sich, nachdem sie enge Straßen und Gassen durchquert hatten, plötzlich auf dem grandiosen Platz befanden.

MICHELANGELO BUONARROTI, Bildhauer, Architekt, Maler und Poet wurde 1475 in Caprese geboren und verstarb 1564 in Rom.

Von seinem Vater wurde er zu den humanistischen Studien mit Francesco von Urbino gebracht und sehr bald zeigte sich sein künstlerisches Talent. Im April 1488 trat er in die Werkstatt von Ghirlandaio ein und schon ein Jahr später besuchte er die mediceischen Gärten von San Marco, wo er unter Anleitung von Bertoldo di Giovanni die dort aufbewahrten antiken Skulpturen studieren konnte. In Lorenzo il Magnifico fand er einen Bewunderer und so wurde er im Palast in Via Larga empfangen und bekam Zutritt zu den mediceischen Kreisen der Gelehrten. In Folge der politischen Ereignisse und erschüttert von den Predigten Girolamo Savonarolas flüchtete er 1499 aus Florenz und hielt sich ein Jahr lang in Bologna auf. 1496 siedelte er nach Rom über, wo er eine Periode von intensiver und geglückter Arbeit erlebte, die mit der Ausführung der Pietà eingeleitet wurde. Er reiste zwischen Rom und Florenz hin und her und im Jahre 1505 nachm er mit Begeisterung den Auftrag von Julius II. della Rovere an, der ihn mit der Schaffung eines grandiosen Grabmales beauftragte. Der Papst und der Künstler hatten eine enge Bindung und 1508 unterschrieb Michelangelo den Vertrag zur Dekoration des Gewölbes der Sixtinischen Kapelle. Dies war der Beginn einer Beziehung mit dem Hof in Rom, die nur mit dem Tod des Künstlers enden sollte und Werke hinterlassen hat, die in die Kunstgeschichte eingegangen sind: Die Grabmäler der Medici in der neuen Sakristei zu San Lorenzo in Florenz für Klemenz VII. Medici, die Wand mit dem Fresko Das Jüngste Gericht in der Sixtinischen Kapelle und die Fresken in der Cappella Paolina für Paul III. Farnese.

Der Beschluss die Reste der antiken Basilika entgültig abzureißen und die Fertigstellung der neuen Kirche zu beschleunigen, wurde von dem im Jahre 1605 erwählten Papst Paul V. Borghese gefasst. Am dringensten war die Beendigung der Konstruktion und der Bau der Fassade. Man verzichtete auf den Grundriss in Form des griechischen Kreuzes, zum einen weil der damalige Zeitgeschmack eine andere Aufteilung des Raumes vorsah und zum anderen weil die Anlage Michelangelos die liturgischen Bedürfnisse nicht befriedigte. Ausserdem hatte sich der Entwurf als unzureichend erwiesen, da er nicht erlaubt hätte, in den neuen Seitenkapellen die gesamte Fläche der von Papst Silvester geweihten Basilika einzuschließen. 1607 wurde ein Wettbewerb ausgeschrieben, den Carlo Maderno da Bissone (Lugano), der Neffe Domenico Fontanas, gewann. Es verschwanden somit Kapellen, Altare, Oratorien, Bogengang, Atrium mit Papst-und Kaisergräbern, die Segensloge und der Glockenturm. Auf aussprüchlichem Wunsch des Papstes hin, wurden die Überreste der Grabmäler in der Gruft untergebracht. Diese waren bis 1939 ein schmaler, niedriger Raum. Erst nach der Restaurierung ist sie zu einem Ort der Besichtigung und des Gebetes an den Monumenten der verstorbenen Päpste geworden. Am Palmsonntag 1615 konnte man zum ersten Mal die komplett erneuerte Basilika bewundern, noch ohne die von größtenteils von Bernini ausgeführten Verzierungen. Bei seinem Ableben am 28. Juni 1621 hinterließ Paul V. den Einwohnern Roms die größte Kirche der Christenheit mit vollständig fertiggestellten Außenstrukturen und angefangenen Innendekorationen.

P_{aul} V
(1605-1621)

P 234

Paul V.
Ölgemälde, Fabbrica Sankt Peter

17

DIE BESICHTIGUNG

DER PLATZ

Die Vatikanische Basilika, Stich

Man hat schon wenn man sich der Basilika von Weitem nähert, eine frontale Ansicht. Zur Schaffung dieses visiven Durchbruchs opferte 1950 der Architekt Marcello Piacentini die *Spina di Borgo*, eine Gruppe kleiner Häuser, die den Eingang zum Petersplatz verdeckten. Diese Lösung war schon von Bernini selbst in Betracht gezogen worden. Er sah allerdings einen weniger drastischen Eingriff vor und die visive Schließung des Platzes durch eine dritte Kolonnade. Man hat somit einen besseren Blick von Weitem auf die Fassade und die Kuppel, allerdings ging dabei aber der Überraschungseffekt verloren. Besucher und Gläuber in der Vergangenheit waren fasziniert wenn sie sich, nachdem sie enge Straßen und Gassen durchquert hatten, plötzlich auf dem grandiosen Platz befanden.

Petersplatz und das Viertel "spina di Borgo"
Vor dem Abriss

Die Kolonnade

Vor der Anordung durch Gian Lorenzo Bernini schien der Platz ohne Form und überladen mit verschiedenen Gebäuden. Der Bereich war weder gegen Sonne noch Regen geschützt und während der feierlichen Zermonien musste man jedes Mal eine Serie von mit Zelten überspannten Durchgängen für den Weg Vom den Palazzi Apostolici zu der Basilika vorbereiten. Zwischen 1656 und 1667 verwirklichte Bernini die orginelle Anordung der Bereiches vor der neuen Fassade. Der Platz wurde in zwei Abschnitte unterteilt: Der ovale Raum zwischen den mächtigen Halbrunden aus vierfachen Säulenreihen mit tuskischem Kapitell und einer flachen Trabeation und die trapezförmige Ebene. Diese ist durch die zwei horizontale Flügel gekennzeichnet, die von den Kolonnaden abgehen und leicht auseinanderlaufend an die Enden der Fassade anknüpfen.

Das ganze wirkt somit luftiger, während die Fassade, enfernt von dem großen Oval Dank der Flügel, die kürzer als in Wirklichkeit scheinen, ausgeglichener und fast verkleinert durch diesen optischen Effekt wirkt. Die Kolonnaden bestehen aus 284 Säulen und acht Travertinpfeilern. Sie sind durch eine sehr einfache Trabeation verbunden und mit einer Serie von 140 Statuen von Heiligen gekrönt. Diese sind 3,10 Meter hoch, außerden findet man sechs Wappen von Alexander VII, dem Papst, der den Bau förderte. Um eine eventuelle Disharmonie durch kurven Form zu vermeiden und um gleichzeitig die Prospektive des Platzes zu organisieren, ließ Bernini rigoros vier Säulenreihen anordnen. Dabei vergrößerte er nach und nach den Durchmesser. Somit gelang es ihm die Proportionen zwischen dem Raum und den Kolonnen auch in den äußeren Reihen beizubehalten. Dank dieses Kunstgriffes wird der Betrachter dazu bewegt, zu den Granitscheiben an den Seiten des Oblisks zu gehen. Von dort aus sieht man in allen sich in der Nähe befindlichen Teilen des Halbrundes nur die ersten Säulen, die auf den Platz zeigen. Alle anderen befinden sich genau in der gleichen Reihe, fast so als wollten sie in Reih und Glied stehen. Der Durchmesser der Ellipse des Petersplatzes misst in seiner größten Ausdehnung 240 Meter, gut 52 Meter mehr als der des Kolosseums. Wenn auch die Gestaltung des Petersplatzes enorm dazu beitrug, die päpstlichen Finanzen zu schwächen, ist und bleibt sie das größte architektonische Werk des 16. Jhrdt und eines der bedeutesten Werke des barocken Roms. Bernini, der seine überschäumende Fantasie mit einer nie bestrittenen klassischen Ader verband, ist hier durch den einfachsten antiken Stil vertreten, und es ist ihm gelungen, der Christenheit ein ideales Epizentrum zu bieten.

Granitscheibe auf dem Pflaster des Petersplatzes

Der Obelisk

Das Zentrum des Platzes ist durch den Obelisken gekennzeichnet. Dieser befand sich ursprünglich im Zirkus des Nero. Der Obelisk aus rotem Granit ist aus einem einzigen Stück gehauen und 25.31 Meter hoch. Er steht auf einem 8.25 Meter hohem Sockel und wiegt zirka 330 Tonnen. Damit ist er nach dem Obelisken im Lateran der zweithöhste Roms und der einzige mit lateinischer Inschrift anstatt von Hyroglyphen. Man hat Zeugnis von diesem Obelisken seit der Zeit von Plinius in der Naturalis Historia (1. Jhrdt. n. Chr.). Im Jahre 40 n. Chr. ließ ihn Kaiser Caligula aus Ägypten transportieren. Um zu vermeiden, dass er auseinanderbrach, war das Schiff mit Linsen gefüllt. Er ließ den Obelisken dann in seinem Zirkus aufstellen, der später an Nero überging. Nach dem Transport wurde das Schiff mit Puzzolanerde aufgefüllt und versenkt,

Aufrichtung der Obelisken im Vatikan, Stich von Carlo Fontana, *Der Vatikanische Tempel*, 1694

um es als Basis für den linken Pier im Hafen des Claudius an der Tibermündung zu benutzen. Im Mittelalter und darüber hinaus blieb der Obelisk auf der linken Seite der konstantinischen Basilika. Das römische Volk betrachtete ihn mit Ehrfurcht, zum einen weil das Monument mit dem Martyrium des Petrus verbunden war, zum anderen weil man glaubte, das in der Bronzekugel auf der Spitze seine Asche aufbewahrt werden würde. Unter Sixtus V. wurde der Obelisk auf die Mitte des Platzes umverlegt. Nachdem der Papst verschiedene Entwürfe geprüft hatte, beauftragte er den Architekten Domenico Fontana mit dem Projekt. Nach der Herstellung von einem für die schwere Struktur geeignetem soliden Fundament, begann man am 30. April 1586 mit der Umsetzung des ersten Teils des Vorhabens. Dabei waren 907 Männer, 75 Pferde und 40 Winden am Werke. Am 10. September wurde der Obelisk aufgerichtet und in vertikale Stellung gebracht, 6 Tage später auf den Sockel gestellt und am 26. gesegnet und geweiht. Auf der Spitze, an Stelle der 1589 von Sixtus an die Stadt Rom geschenkten Bronzekugel, brachte man heraldische Embleme an und fügte einige Reliquien des Heiligen Kreuzes ein. Die Inschriften auf der Nord- und Südseite des Sockels geben von dem Kardinal Silvio Antoniani verfasste Texte wieder, die an die Umverlegung des Obelisken erinnern.

Die Brunnen

Rechter Brunnen

An den Seiten des Obelisken befinden sich zwei Brunnen mit drei übereinanderliegenden Becken. Den ersten, rechts auf die Basilika schauend, ließ Innozenz VIII. im Jahre 1490 errichten. Er wurde 1614 von Carlo Maderno auf Geheiß von Paulus V. renoviert. Im Laufe der Arbeiten Berninis auf dem Platz, wurde der Brunnen abmontiert. Man verwarf die ursprüngliche Idee ihn vor dem Obelisken aufzustellen und plazierte ihn hingegen seitlich davon. Nach 1670 stellte Carlo Fontana unter der Leitung Berninis den linken Brunnen her. Dieser wurde am 28. Juni 1675 eingeweiht und in Funktion gebracht. Beide Brunnen sind fast acht Meter hoch. Ihr oberes Becken besteht aus einem einzigen Granitblock mit 16 Metern Umfang. In ihnen ergießt sich der Wasserstrahl, der dann von dem darunterliegenden achteckigen Becken aus Travertin mit zirka 30 Metern Umfang aufgefangen wird.
1852 schloss Pius IX. die Dekoration des Platzes mit vier grossen Kandelabern ab. Diese waren

von Antonio Sarti entworfen worden und wurden als erste am 12. Oktober 1854 mit Gasbeleuchtling versehen

Linker Brunnen

Eine von Paulus V. errichtete und von Bernini im Jahre 1667 renovierte Treppe führt in das Innere der Basilika. So wie schon in der konstantinischen Basilika befinden sich an den Seiten der Basis zwei kolossale Statuen. Die des Sankt Petrus auf der Linken von Giuseppe De Fabris aus Venedig und des Sankt Paul von Adamo Tadolini aus Bologna. Sie waren ursprünglich für die Basilika von Sankt Paul vor den Mauern angefertigt worden und hier auf Geheiss von Pius IX anlässlich des Osterfestes 1847 aufgestellt worden.

Der Kirchplatz

DIE FASSADE

Als Carlo Maderno mit den Arbeiten an der neuen Fassade anfing, war er schon durch die bestehenden Seitenwänden von Michelangelo

Die Fassade der Basilika, Stich von Carlo Fontana,
Der Vatikanische Tempel, 1694
Links sieht man den später abgerissenen Glockenturm
im Bau.

eingeschränkt. Er setzte also auf den unteren Abschnitt eine Attika aus dem 15. Jhrdt, die das gesamte Gebäude umrundet, so wie es auch schon von Michelangelo vorgesehen war.

Diese Überlagerung wirkt zwar mächtig und dynamisch wenn man die Westseite betrachtet, an der Fassade wird dadurch allerdings eine Disharmonie hergestellt. Um diesen Effekt abzuschwächen, ließ Maderno an den beiden äußeren Enden der Fassade zwei Glockentürme errichten. Diese sollten die Fassade höher und leichter wirken lassen und gleichzeitig die dahinterliegende Kuppel einrahmen und hervorheben. Als Paul V. im Jahre 1621 verstarb, war man mit der Errichtung der zwei Glockentürmen noch nicht auf der Höhe der Fassade angelangt. Die Arbeiten mussten auf

Grund des Absackens des darunterliegenden Bodens eingestellt werden. Durch die fehlenden Glockentürme wurde so anstatt den Gesamteindruck auszugleichen, die horizontale Ausrichtung des Bauwerkes noch zusätzlich unterstrichen.

Bernini hatte zwanzig Jahre später, im Dezember 1646 nicht mehr Glück, als er zum ersten und einzigsten Mal in seiner beruflichen Karriere scheiterte. Er wurde gezwungen, den linken Glockenturm auf eigene Kosten abzureissen. Dieser war durch Risse in der darunterliegenden Struktur vom Einsturz gefährdet. All dem konnte auch die Schaffung von zwei von Giuseppe Valadier zwischen 1786 und 1790 entworfenen Uhren nicht Abhilfe schaffen. Diese haben einen Durchmesser von über acht Metern und Mosaikzifferblätter.

Anstatt sich an den Körper der Basilika anzulehnen, erhebt sich die Fassade auf eigenen Fundamenten. Mit ihrem Bau wurde am 5. November 1607 begonnen.

Am 10. Februar wurde der Grundstein gelegt und am 21. Juli 1612 war ein Teil des gewaltigen Bauwerkes fertig gestellt. Die Fassade ist 118.6 Meter breit und 48 Meter hoch, ohne Statuen, und durch Säulen und gigantische Wandpfeiler mit korinthischen Kapitellen hervorgehoben. Man kann sie in zwei Abschnitte einteilen. Im unteren Abschnitt öffnen sich fünf Gittertore zum Atrium hin, darüber befinden sich neun Fenster, drei davon mit Balkon. Von dem mittleren Fenster aus, der sogenannten Segensloge, spricht der Past den feierlichen Segen *Urbi et Orbi*, und von hier aus wird auch die Wahl eines neuen Papstes verkündigt.

Wenn auch die Inschrift die Jahreszahl 1612 trägt, so wurde die Fassade doch erst in den zwei folgenden Jahren beendet, mit der Vollendung des Hauptgesims des Attikum und der Balustrade, über der die Statue des Christus, Johannes des Täufers und 11 Apostel thront.

Segensloge. Darunter die *Übergabe der Himmelsschlüssel*, Basrelief aus Marmor von Ambrogio Bonvicino, angebracht im Jahre 1614.

DAS ATRIUM

Das Atrium wird als bedeutenstes Werk von Carlo Maderno, der 27 Jahre lang Architekt der Reverenda Fabbrica Sankt Peters war, angesehen. Das 71 Meter lange, 12.80 Meter breite und zirka 19 Meter hohe Atrium wurde zwischen 1608 und 1612 erbaut.

In dem Gewölbe wird in 32 Szene in Stuck nach

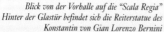

Blick von der Vorhalle auf die "Scala Regia"
Hinter der Glastür befindet sich die Reiterstatue des
Konstantin von Gian Lorenzo Bernini

Zeichnungen von Giovan Battista Ricci aus Novara die Geschichte der Apostel Peter und Paul erzählt. Dabei wird der Vorrang des Petrus unterstrichen sowie seine starke Bindung mit dem Leben und der Mission Christis.

Atrium der Basilika, der Märtyrerpapst Paul I

Um dieses Ideal zu unterstreichen, findet man seitlich der Lünetten unter dem Gewölbe, 31 Statuen. Sie stellen die ersten Päpste dar, die für den Glauben den Märtyrertod gestorben sind. Das Atrium soll heute wie auch in der Vergangenheit, den Besucher auf den spirituellen Reichtum im Inneren vorbereiten. Wie in den frühchristlichen Basiliken dient sie als Zone der Besinnung bevor man in das Mittelschiff eintritt und sich zum Grabmal des Petrus, dem Herz und Mittelpunkt der Basilika, begibt.

Atrium der Basilika, ein Märtyrerpapst

DIE GESCHICHTE VON PETER UND PAUL IM STUCKWERK DES ATRIUM

1) Sankt Andreas stellt Petrus Jesus vor

2) Die Berufung von Sankt Peter und Sankt Andreas

30) Papst Sankt Cornelius und Lucina ziehen die Körper der Apostel aus dem Brunnen

3) Der wundersame Fischfang

4) Das Boot

29) Die Orientalen verstecken die Körper von Petrus und Paul im Brunnen

5) Die Übergabe der Himmelsschlüssel

28) Die Beisetzung von Petrus

6) Die Trasfiguration

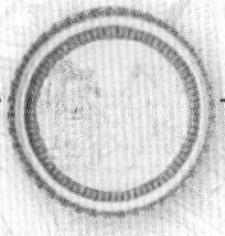

27) Der Märtyrertod von Petrus

7) Das Opfer

26) Domine quo vadis?

8) Die Waschung der Füsse

25) Petrus tauft im Kerker Processo und Martinianus

9) Christus im Garten Gethsemane

24) Der Sturz von Simon Mago

10) Die Gefangennahme Christis

23) Petrus wird von einem Engel vor die Stadttore geleitet

11) Petrus verleugnet Christus vor der Magd

22) Die Befreiung von Petrus aus dem Kerker

12) Petrus verleugnet Christus zum dritten Mal

21) Petrus und der Zenturio Cornelius

13) Christus erscheint auf dem See Genezareth

14) Die Erscheinung von Cristus auf dem See Genezareth

20) Die Vision von unreinen Tieren

19) Die Auferstehung von Tàbita

15) Pasce oves meas

18) Der Tod von Saffica

16) Petrus heilt einen Lahmen

17) Der Tod von Anàia

31) Die Heiligen Peter und Paul erscheinen Konstantin im Traum

32) Konstantin beginnt den Bau der Peterskirche

Das Relief aus der Schule Berninis zeigt die Szene *Pasce oves meas* (weide meine Schafe). Dieses Thema wurde später von Bernini im Inneren der Basilika, auf der Lehne des Bronzekatheders, im gleichnamigen Monument wiederholt. Die im Johannesevangelium (21, 15-17) erzählte Episode, bezieht sich auf den Moment, in dem Christus Petrus drei Mal seine Herde anvertraut. Das Modell für die Schaffung des Hochreliefs wurde 1633 geschaffen aber erst 1646, gut 13 Jahre später, umgesetzt. Ursprünglich war es im Inneren der Basilika angebracht und wurde 1649 in das Atrium umverlegt.

P asce oves meas (1633-1646)

Das Mosaik mit dem *Schiff der Kirche* ist eine Umarbeitung des von Jacopo Stefaneschi, dem bedeutesten Auftraggeber des frühen 14. Jhrdt. in Italien, an Giotto in Auftrag gegebenen Originals. Ursprünglich war es rechteckig und befand sich im Portikus der Konstantinischen Basilika. Nach vier mislungenen Umlagerungen, wurde es im Jubiläumsjahr 1675 wieder zusammengesetzt und dem Publikum zugänglich gemacht. Alles was man heute sieht, außer einigen wenigen Details (der Goldrand des Schiffes, das vom Wind geblähte Segel und die Gesichtszüge einiger Apostel) ist das Ergebnis der Restaurierung des einfachen Kunstwerkes im 16. Jhrdt. Die Darstellung inspiriert sich an der Episode aus dem Matthäusevangelium (14, 22-32): Jesus wandelt auf

D as Mosaik des Bootes (1300, erneuert 1675)

dem Wasser zu dem Boot der Apostel, das im Unwetter zwischen den Wellen auf und niedergeworfen wird. Er beruhigt den verängstigten Petrus und ruft ihn dazu auf, Glauben zu haben. Das Boot der Apostel symbolisiert die Kirche. Diese wird ständig von Unwettern bedroht, kann aber nie untergehen, da sie von ihrem Gründer, der majestätischen Figur auf den hohen Wellen, mit der rechten Hand zum knieden Petrus hin ausgestreckt, beschützt wird.

Im unteren rechten Eck stellt Giotto in verkleinerter Form den auftraggebenden Kardinal dar.

Reiterstatue von Konstantin (1654-1670)

Papst Innocenz X. Pamphili beauftragte Gian Lorenzo Bernini am 29. Oktober 1654 mit der Schaffung des Reiterstandbildes für das Innere der Basilika. Das Werk wurde am 30. Oktober 1670 von Clemente X. Altieri eingeweiht, der es am Fusse der Scala Regia wollte. Der Kaiser betrachtet auf dem Rücken seines Pferdes voller Erstaunen die Vision des Kreuzes. Hinter der Gruppe betont eine lebhafte Stuckdrappierung, die mit Gold verwebten Damaskus imitiert, die kräftigen Bewegungen des Schlachtpferdes. Die Reitergruppe war Objekt heftiger Diskussionen wegen ihrer unausgewogenen und unnatürlichen Position des Pferdes und wurde auch wegen den Fehlern in den Proportionen kritisiert.

In diesem Reiterstandbild drückt Bernini seine malerische Auffassung der Skulptur aus und kommt damit von der Theorie des Schönheitsideals, das in den Werken seines Zeitgenossen Algardi Ausdruck findet, ab.

Anders als im Rest des Atriums erfolgte die Ausschmückung des linken Vestibüls im 18. Jahrhundert. Nach der von Lorenzo Ottoni im Jahre 1724 ausgeführten Stuckdekoration, gab Papst Klemens XI. ein neues Reiterstandbild in Auftrag, das dem Berninischen Werk gegenüber gestellt werden sollte. Die Figur stellt Karl den Großen dar, Kaiser des Heiligen Römischen Reiches. Er war am Weihnachtsabend des Jahres 800 gekrönt worden und wie Konstantin hatte er die Rechte der Kirche verteidigt. Das Reiterstandbild wurde von Agostino Cornacchini aus einem einzigen Block Carrara-Marmor gehauen. Dem römischen Zeitgeist des achtzehnten Jahrhunderts gemäß wird hier auf monumentale Betonung und feierliche Züge verzichtet. Die Skulptur wurde am 30. März 1725 unter Anwesenheit der Großherzogin der Toskana, enthüllt. Sie war anlässlich des von Benedetto Orsini XIII in jenem Jahr gefeierten Jubiläums nach Rom gekommen.

Reiterstatue Karls des Grossen (1720-1725)

Der Bildhauer AGOSTINO CORNACCHINI wurde 1686 in Pescia geboren und verstarb 1754 in Rom.

Er war ein Schüler von Giovanni Battista Foggini, seine künstlerische Ausbildung war vom Rokoko des frühen 18. Jahrhunderts geprägt. Im Jahre 1712 reiste er zum ersten Mal nach Rom und 1714 tritt er in den Kreis des Kardinals Fabroni ein. 1721 erhält er ein Studio in den Gärten von Santa Marta, neben der vatikanischen Basilika, wird in die Bruderschaft des Allerheiligsten Sakraments aufgenommen und Dank des Kardinals erhält er den Auftrag, die Reiterstatue des Kaisers Karl des Grossen auszuführen.

Diese wird anlässlich des Jubiläumsjahres 1725 im Atrium der vatikanischen Basilika gegenüber der Skulptur des Konstantin von Bernini aufgestellt. Im gleichen Jahr und ebenfalls für die vatikanische Basilika unterschreibt er auf Empfehlung von Ludovico Sergardi bin, einem Edelmann aus Siena und Verwalter der Fabbrica von Sankt Peter einen Vertrag für die Verwirklichung der Statue des Heiligen Elias, der dritten Skulptur der Serie, die den heiligen Gründern der Orden und religiösen Vereinigungen gewidmet ist. Außerdem kümmerte er sich um die bedeutende Restaurierung der Arme, bei den Figuren der Söhne in der berühmten klassischen Marmorgruppe des Laocoonte.

Zusammen mit Francesco Moderati, Giovan Battista de Rossi und Giuseppe Lironi war er an den Arbeiten an den zwei Weihwasserbecken zu Beginn der Mittelschiffes in Sankt Peter beteiligt.

Die Inschriften

Auf den Wänden des Atriums und zwischen den Säulen seitlich der Türen findet man drei von Marmorpfeilern eingerahmte Inschriften. Sie sind im Jahre 1518 eingemauert worden und stammen aus dem antiken Quadriportikus. Die erste bezieht sich auf die Schenkung von 56 Olivenhainen, die von Gregor II. (715-731) veranlasst wurde für die immer brennenden Lampen rund um das Grab Sankt Peters. Die zweite ist in eine 220 cm x 117 große, schwarze Marmorplatte eingraviert und zitiert die Grabinschrift von Hadrian I. Diese wurde wahrscheinlich von Flacco Alcuino geschrieben und von Karl dem Großen seinem im Jahre 795 verstorbenem Vater gewidmet. Rechts

Epitaph von Papst Hadrian I.

der mittleren Tür gibt die dritte Inschrift den Text der Bulle „Antiquorum habet fida relatio" wieder, mit der Bonifazius VIII. am 22. Februar 1300 das erste Jubiläum ausrief.

Zu den fünf Eingangsgittern im Atrium gehören fünf Türen, die in die Basilika führen. Nur die mittlere ist antik, die anderen vier wurden ab Mitte des zwanzigsten Jahrhunderts ausgeführt.

1947 schrieb die Fabbrica Sankt Peter einen Wettbewerb für die Schaffung neuer Bronzetüren aus, die die bestehenden aus Pappelholz ersetzen sollten.

Die Türen

Die Heilige Tür
(1948-1950)

Die Heilige Tür (3,65m x 2,30) befindet sich am rechten Ende des Atriums. Bis 1949 war sie von einer unverputzten Mauer verschlossen und von den von Gregor XIII. für das Jubiläum 1575 in Auftrag gegebenen Marmorverkleidungen eingerahmt. Diese sind später dann von Paul V. renoviert worden. 1949 schenkte der Bischof Francesco von Streng im Namen der schweizer Katholiken zwei bronzene Türflügel aus Dank dafür, dass seine Heimat vom Krieg verschont geblieben war. Es ist ein Werk, das absichtlich Ruhe und Gefasstheit ausdrückt. Die Aufteilung ist symmetrisch, 16 rechteckige Tafeln sind auf vier Abschnitten verteilt. Dazwischen findet man die Wappen der 36 Päpste, die die offiziellen Heiligen Jahre gefeiert haben.

DIE TAFELN DER HEILIGEN TÜR

1) **Der Engel an der Pforte zum Paradies**

2) **Die Vertreibung der Eva aus dem Paradies**
QVOD HEVA TRISTIS ABSTVLIT
(Das, was die unglückliche Eva wegnahm)

3) **Maia: die Verkündigung**
TV REDDIS ALMO GERMINE
(Du wirst Gottes Sohn gebären)

4) **Der Engel der Verkündigung**

5) **Die Taufe von Jesus im Fluss Jordan**
TV VENIS AD ME?

6) **Das verlorene Schaf**
SALVARE QVOD PERIERAT
(retten, das was verlorengegangen war)

7) **Der barmherzige Vater**
PATER, PECCAVI IN COELVM
ET CORAM TE
(Vater, ich habe vor dir und dem Himmel gesündigt)

8) **Die Heilung des Gelähmten**
TOLLE GRABATVM TVVM ET AMBVLA
(erheb dich von deinem Bett und laufe)

9) **Die Vergebung der Sünderin**
REMITTVNTVR EI PECCATA MVLTA
(ihr wurden viele Sünden vergeben)

10) **Die Pflicht des Vergebens**
SEPTVAGIES SEPTIES
(siebenundsiebzig mal)

11) **Die Verleugnung durch Petrus**
CONVERSVS DOMINVS RESPEXIT PETRVM
(der Herr drehte sich um und sah Petrus an)

12) **Das Paradies für einen Dieb**
HODIE MECVM ERIS IN PARADISO
(heute wirst du mit mir ins Paradies kommen)

13) **Die Erscheinung des Thomas**
BEATI QVI CREDIDERVNT
(Selig sind die Gläubigen)

14) **Die Erscheinung des Auferstandenen beim**
Abendmahl ACCIPITE SPIRITVM SANCTVM
(der Heilige Geist wird in euch fahren)

15) **Der Auferstandene erscheint dem Saulus**
SVM JESVS QVEM TV PERSEQVERIS
(ich bin Jesus, den du verfolgst)

16) **Die Öffnung der Heiligen Tür**
STO AD OSTIVM ET PVLSO
(ich stehe vor der Tür und klopfe)

An der Basis der Türflügel geben zwei lateinische Inschriften Auskunft über die Cronologie der Tür, rechts über das spiritelle Glück derjenigen, die über ihre Schwelle treten.

Epigraph A
PIVS XII PONT. MAX. ANNO INEVNTE/SACRO MCML AENEIS HVIVS PORTAE/VALVIS VATICANAM BASILIcam deco/ rari ivssit lvdovico kaas petria/ ni templi opervm cvratore Papst Pius XII. beauftragte für das Heilige Jahr 1950 Ludovico Kaas, den Verwalter der Werke der Peterskirche, mit der Verzierung der vatikanischen Basilica durch die Bronzeflügel dieser Tür.

Epigraph B
HINC HVBERES SCATEANT DIVINAE GRA/ TIAE LATICES OMNIVMQVE INGREDIEN/ TIVM ANIMOS EXPEIENT ALMA REFI/ CIANT PACE CHRISTIANA VIRTVTE/ EXORNENT ANNO SACROO MCML
Entströme hier im Überfluss die Quelle der göttlichen Gnade und reinige die Seelen aller, die hier eintreten und schenke ihnen Frieden und christliche Tugend.Heiliges Jahr 1950.

Die Tür der Sakramente (1965)

Sie ist 7,40 Meter hoch und 3,65 Meter breit und wurde von Paul VI. Montini am 14. September 1965 anlässlich der Wiederaufnahme des zweiten Ökumenischen Vatikanischen Konzils eingeweiht. Die Tür ist der ikonischen Darstellung der „Sieben Sakramenten" gewidmet. Sie sind hier in acht wie Bildern eingerahmten Platten dargestellt und zeichnen sich durch eine konkrete und einfache Erzählung im familären Ton aus.

Die einzigste Tür, die nicht aus dem zwanzigsten Jahrhundert stammt, ist die mittlere. Sie wird „Porta das Filarete" (7,14m x 3,60) nach ihrem Schöpfer genannt. Die Tür wurde auf Geheiß von Paul V. in der neuen Basilika wieder verwendet. 1433 beauftragte Papst Eugenius IV. Condulmèr Antonio Averulino mit der Schaffung der Tür. Antonio Averulino hatte den Beinamen Filarete, das bedeutet auf griechisch Freund der Tugend. Die im Juni 1445 fertiggestellte Tür war ursprünglich 6,30 Meter hoch. 1619 passte Orazio Censore aus Ancona sie mit der Zufügung von zwei Bändern an die Maße der neuen Eingänge an. In dem oberen kann man auf eleganten Plaketten mit den Emblemen der Familie Borghese (Adler und Drachen) lesen: links, PAVLVS V / PONT[ifex] MAX[imus], rechts RESTAVRAVIT / A[nno] PONTIF[icatvs] XV, (restauriert im 15. Jahr seines Pontifikats).

Die sechs Haupttafeln stellen dar: oben, Christus und die Madonna, in der Mitte Sankt Paul mit dem Schwert und einer prächtigen Vase zu Füssen und Sankt Peter mit dem knieenden auftraggebenden Papst. Unten, auf kleinerem Raum und mit vielen verzierten Details sieht man interessante Darstellungen aus dem antiken Rom: zwei Szenen mit dem Martyrium Peters, rechts, und Pauls. Die Tafeln werden durch vier horizontale Bänder getrennt. Diese zeigen Geschichten das Konzils von Florenz, das 1438 von Eugenius IV. zur Union der Ost-und Weströmischen Kirche einberufen wurde. Sie Sequenz erzählt und illustriert die bedeutesten Episoden jenes Pontifikats. Zum ersten Mal, abgesehen von den Fresken Giottos in Assisi, stellt ein künstlerisches Erzeugnis aktuelle Ereignisse dar mit der präzisen Absicht, sie zu

Die Tür des Filarete (1433-1445)

überliefern und in die Geschichte eingehen zu lassen. Sowohl um die größeren als auch um die kleineren Tafeln herum findet man einen Fries mit spiralförmigen Motiven sowie klassischen Medaillons und verschiedenen Szenen aus der Mythologie, der römischen Geschichte, den Fabeln von Äsop, der Metamorphose von Ovid und der Ekloge von Vergil. Die Türflügel im Inneren der Basilika sind mit Bronzeplatten ausgekleidet. Der Künstler hat hier seine „Signierung" unten rechts hinterlassen. In einem Basrelief (123 x 22) stellt er sich zusammen mit sieben Mitarbeitern dar. Jeder ist durch seinen eingravierten Namen und durch das hervorgehobene Werkzeug identifiziert. Am Anfang und Ende des Umzuges befinden sich zwei Reiter, einer auf einem Esel, der andere auf einem Dromedar.

Die Tür das Guten und des Bösen (1977)

Die Tür des Guten und des Bösen (7,44m x 3,90) ist lebhafter in ihrem formalen Aspekt und dramatischer in ihrer Interpretation. Sie wurde als letzte in den Atrium eingefügt und am 26. September 1977 anläßlich des achtzigsten Geburtstages von Paul VI. eingeweiht. Luciano Minguzzi wurde 1975 mit der Schaffung dieses Werkes ohne Ausschreibung eines Wettbewerbes beauftragt. In 12 unterschiedlich großen Bildern von dynamischer Anordnung drückt der Künstler seinen vibrierenden bildhau-erischen Expressionismus aus, der durch eine leidende plastische Modellierung an einigen Stellen eine extreme Spannung herstellt. Die Tür bekommt ihren Namen von einigen Szenen, die sich auf die Sphäre des Bösen, auf dem linken Türflügel, und der des Guten, auf dem rechten Türflügel, beziehen.

Die Tür (7,70m x 3,65) ganz links mit einem Gewicht von mehr als 98 Zentnern wird die Tür des Todes genannt, weil durch sie die Beerdigungsumzüge in die Basilika einzogen. Der Künstler Giacomo Manzù begann 1947 mit der Tür und arbeitete fast 17 Jahre an ihr. Er beendete die Arbeiten Dank des direkten Eingreifens von dem 1958 gewählten Giovanni XXIII.

Die Tür des Todes
(1948 – 1963)

Detail des linken Türflügels: Marias Tod und Himmelfahrt

Der Papst sah allerdings die Tür nie vollendet, da er am 3. Juni 1963 verstarb. Die Tür wurde am Abend des 28. Juni 1964 von Paul VI. eingeweiht. Giovanni XXIII war ein Landsmann des Künstlers. Er ist auf dem inneren Flügeln auf dem Papstthron sitzend dargestellt in einer Szene, in der er den Bischof Laurean Rugambwe empfängt, den ersten von ihm eingesetzten farbigen Kardinal.

Diesen kann man an den Gesichtszügen deutlich erkennen. Abseits von den anderen Figuren, in nachdenklicher Pose und mit dem Hut in der Hand hat der Künstler auch seinen 1962 verstorbenen Freund und Ratgeber Don Giuseppe De Luca dargestellt. Ihm wurde mit Zustimmung des Papstes die Tür offiziell gewidmet. Zu der weichen, lichten Darstellung der Basreliefen trägt auch die spezielle Bronzelegierung bei. Diese wurde speziell von dem Künstler in Zusammenarbeit mit dem Forschungsinstitut für Leichtmetalle der Gesellschaft Montecatini entwickelt. Auf der Rückseite ist die Unterschrift von Manzù auf dem Abdruck der offenen Hand eingraviert.

PAVLVS·V·PONT·MAX·ANNO·XIIII

DAS MITTELSCHIFF

Wenn man durch die Tür der Sakramente, dem Eingang in die Basilika, tritt, kommt man in das Mittelschiff. Die Verlängerung wurde von Carlo Maderno vom November 1609 ab durchgeführt.

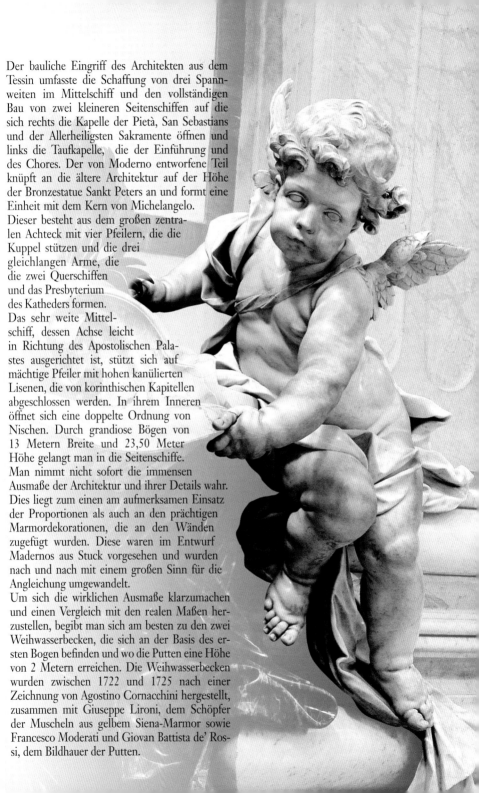

Der bauliche Eingriff des Architekten aus dem Tessin umfasste die Schaffung von drei Spannweiten im Mittelschiff und den vollständigen Bau von zwei kleineren Seitenschiffen auf die sich rechts die Kapelle der Pietà, San Sebastians und der Allerheiligsten Sakramente öffnen und links die Taufkapelle, die der Einführung und des Chores. Der von Moderno entworfene Teil knüpft an die ältere Architektur auf der Höhe der Bronzestatue Sankt Peters an und formt eine Einheit mit dem Kern von Michelangelo.

Dieser besteht aus dem großen zentralen Achteck mit vier Pfeilern, die die Kuppel stützen und die drei gleichlangen Arme, die die zwei Querschiffen und das Presbyterium des Katheders formen.

Das sehr weite Mittelschiff, dessen Achse leicht in Richtung des Apostolischen Palastes ausgerichtet ist, stützt sich auf mächtige Pfeiler mit hohen kanülierten Lisenen, die von korinthischen Kapitellen abgeschlossen werden. In ihrem Inneren öffnet sich eine doppelte Ordnung von Nischen. Durch grandiose Bögen von 13 Metern Breite und 23,50 Meter Höhe gelangt man in die Seitenschiffe.

Man nimmt nicht sofort die immensen Ausmaße der Architektur und ihrer Details wahr. Dies liegt zum einen am aufmerksamen Einsatz der Proportionen als auch an den prächtigen Marmordekorationen, die an den Wänden zugefügt wurden. Diese waren im Entwurf Madernos aus Stuck vorgesehen und wurden nach und nach mit einem großen Sinn für die Angleichung umgewandelt.

Um sich die wirklichen Ausmaße klarzumachen und einen Vergleich mit den realen Maßen herzustellen, begibt man sich am besten zu den zwei Weihwasserbecken, die sich an der Basis des ersten Bogen befinden und wo die Putten eine Höhe von 2 Metern erreichen. Die Weihwasserbecken wurden zwischen 1722 und 1725 nach einer Zeichnung von Agostino Cornacchini hergestellt, zusammen mit Giuseppe Lironi, dem Schöpfer der Muscheln aus gelbem Siena-Marmor sowie Francesco Moderati und Giovan Battista de' Rossi, dem Bildhauer der Putten.

Die Länge der größten christlichen Kirchen

Die Basilika Sankt Peter ist die größte heute existierende Kirche. Dieser Rekord ist detailliert auf der Längsachse des Hauptschiffes markiert. Mit Bronzebuchstaben ist die Länge der Innenräume der weltweit größten christlichen Kirchen angegeben worden.

DIE MAßE DER BASILICA

MITTELSCHIFF – SÜDWAND

Die Basilika erstreckt sich im Inneren auf einer Oberfläche von 20.139 Quadratmetern. Insgesamt ist sie im Inneren 186.30 Meter lang. Das Transept misst 137.85 Meter. Die drei Kirchenschiffe sind 58 Meter breit. Die Hauptachse das Mittelschiffes ist zu den Apostolischen Palästen hin ausgerichtet, das Mittelschiff weist zwei verschiedene Ausmaße auf: am Eingang ist es 25.70 Meter breit und bei dem Querschiff 23 Meter. Es ist zirka 98 Meter lang und bis zur Spitze das Gewölbes 45.50 Meter hoch. Es wird von 25 Meter hohen Pfeilern gestützt. Die 10.20 Meter breiten Seitenschiffe haben 23.50 Meter hohe Bögen. Der innere Durchmesser der Kuppel beträgt 41.50 Meter, der äußere 58.90 Meter. Die Kuppel wird von 44.80 Meter hohen und 23 Meter breiten Bögen gestützt. Vom Fussboden bis zum kleinen Gewölbe der Lanterne ist sie 117.57 Meter hoch und bis zum Kreuz 133.30 Meter.

MITTELSCHIFF - NORDWAND

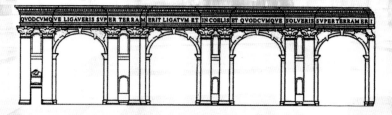

Das Rad aus Porphir

Zu Beginn des Mittelschiffes, gleich nach dem Eingang, findet man eine große Scheibe aus rotem ägyptischen Porphir, die das Porphirrad genannt wird. Sie ist ein wertvolles geschichtliches Andenken aus der Vergangenheit. Sie ist das einzigste erhaltene Rad der sechs Räder aus der konstantinischen Basilika und befand sich ursprünglich weiter vorne, in der Nähe des Hauptaltares. Hier hatten sich 23 Kaiser und Könige niedergekniet, von Karl dem Großen 799 bis Friedrich III. 1452, um vom Papst das Chrisma

und die Kaiserkrone zu empfangen. Auf dieser
Scheibe hatte Papst Leo III. unter Anwesenheit
des Senates, des römischen Volkes und des Hee-
res von Frankreich und Italien den dreifachen
Hochruf auf Karl den frommen, Augustus,
von Gott gekrönt, großer und friedenstiftender
Kaiser ausgerufen. Seine Nachfolger wurden
vor dem Grabmal des Apostels gesalbt bis zu
Friedrich III, der als letzter Kaiser am Sonntag
des 19. März 1452 gekrönt wurde.

Michelangelo hatte sich den Innenraum seiner
Kirche mit kreuzförmigen Grundriss und ohne
große Dekorationen vorgestellt. Die vollständig
kahlen Wände sollten nur von den architektonischen Elementen modelliert werden.
Dies war eine mächtige und einheitliche
Idee, diese ließ allerdings nach der
von Carlo Maderno ent-
worfenen Verlängerung
die kahle Weite der Ba-
silika zu kalt und streng
wirken. Den entscheiden-
den Eingriff vor allem
durch die Marmorver-
kleidungen der Säulen
und die Einfügung von
Skulpturen im Mit-
telschiff verdankt man
den Ideen von Gian
Lorenzo Bernini und
seinen Mitarbeitern.
Für die Dekoration der
Innenfläche der Säulen
im Mittelschiff konnte
Bernini auf die stolze Zahl
von 41 Mitarbeitern zählen.
Er hatte alle zu diesem Zeitpunkt
verfügbaren Bildhauer reklutiert.
Für die Verkleidung der Pfeiler entwarf
Bernini zwei Paare von Putten oder Engeln
aus weißem Marmor, die ovale Medaillons mit
den Portraits der ersten 56 Märtyrerpäpste von
Sankt Peter bis Benedikt I. (575-579) halten.
In der Mitte zeigt ein anderes Puttenpaar die
Insignien der päpstlichen Macht: die Schlüssel,
Papstkrone und Bücher.
In wenig mehr als einem Jahr wurden 56
Medaillons, 192 Engel und 104 Tauben her-
gestellt.

Die Dekorationen
(1648 – 1650)

Ein Paar Putten mit den Papstwappen, ausgeführt in der Werkstatt Gian Lorenzo Berninis

Die Tugenden
(1599-1649)

Lorenzo Ottoni (1648-1736),
Die Freigebigkeit, 1717

In den zwei Jahren von 1647 – 49 versah Bernini auch die Rückseite der großen Bögen, die vom Mittelschiff in die Seitenschiffe führen und ließ wie schon an den Stirnseiten der Gregoriani-schen und Klementinischen Kapellen 1599 und 1600 eine sechs Meter hohe Gallerie der Tugenden modellieren, die sich an der barocken Ikonographie inspiriert. Im Frühling des Jahres 1714 und 1718 vervollständigte Lorenzo Ottoni die restlichen Bögen der Querschiffe und der Durchgänge zum Presbyterium mit neuen Allegorien.

Gleichzeitig mit der Forführung des dekorativen Programmes der allegorischen Tugenden und der Verwirklichung der Grabmäler zu Beginn des 18. Jahrhunderts wurde der letzte große Skulpturenzyklus der Basilika begon-

Die Gründerheiligen der Orden und religiöser Kongregationen (1706-1954)

Pier Le Gros der Jüngere,
Sankt Domenikus von Guzman, 1706

Agostino Cornacchini, Sankt Elias, 1727, Presbyterium des Papststuhles

nen, der den Gründerheiligen der Orden und religiösen Kongregationen gewidmet ist. Als

Ort für die neuen Statuen wählte man die großen Nischen zwischen den Lisenen des Mittelschiffes und den drei Armen der Absis: Es sind insgesamt 39, in einer befand sich schon die Bronzestatue des Sankt Peter. Der Beschluss für die Schaffung einer neuen Skulpturenserie wurde 1668 von der Kongregation der Reverenda Fabbrica verabschiedet, aber erst im Jahre 1706 wurde mit der Umsetzung des Projektes mit der Statue des Heiligen Domenikus von Pierre Le Gros dem Jüngeren für die untere Nische recht des Presbyteriums des Katheders begonnen.

Unausweichlich kam es zu Unstimmigkeiten über die Wahl der besten Nischen. 1752 wurde eigens ein Dekret für die Zuteilung der Nischen nach festen Regeln erlassen, das teilweise noch bis heute eingehalten wird.

René Michel Slodtz, Sankt Bruno, 1744, Linkes Transept

DIE GRÜNDERHEILIGEN VON ORDENSGEMEINSCHAFTEN UND RELIGIÖSEN VEREINIGUNGEN

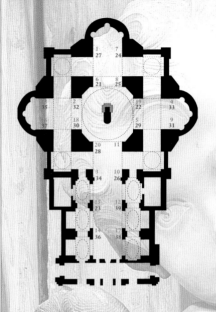

UNTERE NISCHEN

27) S. Francesco d'Assisi
21) S. Benedetto
35) S. Norberto
32) S. Giuliana Falconieri
37) S. Pietro Nolasco
30) S. Giovanni di Dio
28) S. Francesco da Paola
34) S. Ignazio di Loyola
23) S. Camillo de Lellis
36) S. Pietro d'Alcantara
24) S. Domenico
25) S. Elia
22) S. Bruno
33) S. Giuseppe Calasanz
29) S. Gaetano Thiene
31) S. Girolamo Emiliani
26) S. Filippo Neri
39) S. Vincenzo de Paul
38) S. Teresa di Gesù

OBERE NISCHEN

1) S. Alfonso Maria de' Liguori
6) S. Francesca Romana
13) S. Guglielmo da Vercelli
2) S. Angela Merici
16) S. Luisa de Marillac
18) S. Maria di Santa Eufrasia Pellettier
20) S. Pietro Fourier
3) S. Antonio Maria Zaccaria
15) S. Luigi Maria Grignion de Montfort
14) S. Lucia Filippini
7) S. Francesco Caracciolo
8) S. Francesco di Sales
19) S. Paolo della Croce
4) S. Bonfiglio Monaldi
5) S. Francesca Saverio Cabrini
9) S. Giovanna Antida Thouret
11) S. Giovanni Bosco
10) S. Giovanni Battista de La Salle
12) S. Giovanni Eudes
17) S. Maddalena-Sofia Barat

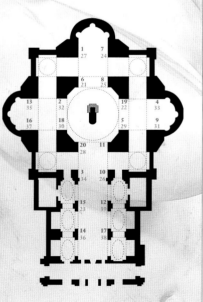

Die Bronzestatue des Heiligen Peter

Am Ende des Mittelschiffes an dem sogenannten Pfeiler des Sankt Longino findet
man auf einem Podest aus kostbarem Marmor und vergoldetem Metall die Bronzestatue des Heiligen Petrus. Er sitzt auf einem
Marmorstuhl und ist in das Gewand der
Philosophen gekleidet. Die linke an die Brust
gedrückte Hand hält die Schlüssel, die rechte
ist in Segen spendender Geste erhoben. Der
rechte Fuss steht über dem Podest heraus, er
ist von der Berührung der Gläubigen abge-
nutzt. Die Kunstkritiker ordnen die Bron-
zefigur fast übereinstimmend in das späte
13. Jahrhundert ein, genauer gesagt in das
Umfeld von Arnolf di Cambio. Über der
Statue ist in einem Mosaik-
medaillon Papst Pius IX.
Mastoi-Ferretti darge-
stellt. Am 16. Juni 1871
hatte der Papst als er-
ster in der Geschichte
das 25. Jubiläum seines
Pontifikats gefeiert.
Nur der Apostel Petrus
hatte für so lange Zeit
die Kirche geführt. Der
Legende nach sollte
keinem anderen nach
ihm gelingen, länger
als ein Vierteljahrhun-
dert zu regieren.

Das zentrale Achteck

Auf der Innenseite der vier 45 Meter hohen Pfeiler mit 71 Meter Durchmesser dekorierte Bernini die vier schon bestehenden großen Nischen, um dort Statuen aus Carrara-Marmor aufzustellen. Diese sind zwischen 4.50 und 5 Meter hoch und zeichnen sich alle durch theatralische Posen aus. Sie stellen die visive Zelebration der in der Basilika aufbewahrten Reliquien dar. Zu ihnen gehören vier Logen, reich verzierte Balkons, deren Muster sich in allen vier Pfeilern wiederholt. Man kann dabei zwei Zonen unterscheiden: im oberen Bereich, über dem Tympanum der Ädikula findet

man vier Engel aus weißem Marmor, zwei davon halten eine Schriftrolle. Im unteren Bereich findet man zwischen zwei auf der Außenseite kanülierten Lisenen zwei gewundene Säulen, die aus dem Ziborium der konstantinischen Basilika stammen. In der Mitte sieht man auf einem Basrelief aus Marmor einen Engel, der die entsprechende Reliquie hält. Nach einer ersten Aufteilung der Nischen im Jahre 1630, erließ die Kongregation der Reverenda Fabbrica am 26. April 1638 ein Dekret, das die Reihenfolge der Nischen nach theologischen Gesichtspunkten regelte.

Die Pfeiler (1628-1639)

Die Arbeiten zur Anordnung und Dekoration in den Pfeilern, die die von Donato Bramante angefangene und von Michelangelo beendete Kuppel stützen, wurden zwischen Januar 1628 und 1639 von Gian Lorenzo Bernini auf Geheiß von Urban VIII ausgeführt. Hier sollten die wichtigsten Reliquien der vatikanischen Basilika aufbewahrt werden.

Der römische Zenturio Longinus

Der 4.50 Meter hohe Sankt Longinus, ein Werk von Gian Lorenzo Bernini wurde im Mai des Jahres 1638 fertiggestellt. Der Heilige ist in deklamatorischer Pose mit ausgestreckten Armen dargestellt. In der rechten hält er die Lanze, mit der in den Brustkorb von Jesus gestochen worden sein sollte. Bernini arbeitete von 1629 bis 1631 an dem Stuckmodell. Zwischen Juni des Jahres 1635 und Mai 1638 nach dem Studium der Figur auf gut 22 Entwürfen, verwirklichte der Künstler das Werk in Marmor, wobei er eine besondere Technik zur Bearbeitung der Oberfläche anwendete. Im darauffolgenden Monat ließ er die Figur in der Nische aufstellen. Die heilige Lanze, die zum Schatz von Konstantinopel gehörte, war im Jahre 1492 von Sultan Bajazet, dem Sohn Mohammeds II dem Papst Innozenz VIII Cybo geschenkt worden. Die Geschichte der Reliquie hat als Protagonisten den moslemischen Hof in Konstantinopel, den römischen Hof und die Figur des Malteserritters D'Aubusson. Bajazet gab letzterem seinen Bruder Djem aus Angst vor einem Thronsturz in Obhut. D'Aubusson kam den Wunsch Bajazets nach und brachte Djem auf Wunsch des Papstes nach Rom. Dort wurde er mit Respekt und Tolleranz aufgenommen. Um die Sympathie des Papstes zu gewinnen, zögerte Bajazet nicht, Innozenz VIII die Reliquie der heiligen Lanze zu senden. Die Lanze war während der Eroberung von Konstantinopel im Jahre 1453 aus einer byzantinischen Kirche geraubt worden. Die Lanzenspitze wurde Ludwig XI von Frankreich geschenkt und bis zur französischen Revolution in der königlichen Kapelle in Paris aufbewahrt.

Die 4.50 Meter hohe Figur von Santa Elena, ein Werk von Andrea Bolgi wurde am 2. März 1640 unter Anwesenheit von Urban VIII enthüllt. Die Mutter von Konstantin wird in einer ruhigen, gefassten Pose dargestellt, zurückhaltend in der Bewegung des Faltenwurfes.

Die Kaiserin Elena (1629-1640)

Die Harmonie der Statue wird allerdings von dem großen Kreuz gestört, das daran erinnert wie Santa Elena der Legende nach die kostbare Reliquie des Erlösers aus Jerusalem mitbrachte. Bei Beginn des Werkes war Bolgi erst dreiundzwanzig Jahre alt. Das Werk ist aus dem Sockel und dem Saum des Gewandes signiert und mit Datum versehen: ANDREAS BOLGIVS CARRARIENSIS F. 1639 (geschaffen von Andrea Bolgi aus Carrara im Jahre 1639) Auf Geheiß von Urban VIII wurde am 12. März 1629 auch die von Elena, Mutter des Kaisers Konstantin, aus Palestina mitgebrachten Kreuzessplitter sowie die Nägel der Kreuzigung feierlich aus dem Ziborium des Schweißtuch Christi in den Pfeiler der Veronika überführt. Dort wurden sie in einem prächtigen kreuzförmigen Kasten aus Silber und Lapislazuli aufbewahrt, der wegen der Dekorationen mit dem Wappen der Barberini auch „Kreuz der Bienen" genannt wird. Nach der Schenkung von vielen Splittern an Kirchen und Gläubigen, die darum baten, wurde die Reliquie von Urban VIII mit anderen Splittern rekonstruiert. Diese stammen aus der Kirche Sant'Anastasia und der Basilika des Heiligen Kreuzes in Jerusalem.

DER BILDHAUER ANDREA BOLGI IST 1606 IN CARRARA GEBOREN UND VERSTARB 1656 IN NEAPEL WÄHREND DER PESTEPIDEMIE.
Er wurde seiner Heimatstadt nach Carrarino genannt und war ein Schüler von Pietro Tacca. Mit ihm zusammen arbeitete er an der Verwirklichung der vier Moren im Denkmal an Ferdinando I dei Medici in Livorno. Nach seiner Übersiedlung nach Rom im Jahre 1626 tritt er in den Kreis der Mitarbeiter Berninis ein und unter dessen Anleitung arbeitet er an verschiedenen Werken für die Peterskirche: die Statue Sankt Helene, 1629-1639, Kreuzzug, Baldachin, Dekoration des Kirchenschiffes (allegorischen Stuckarbeiten erster Bogen links mit der Kirche und den kirchlichen Autoritäten und das Grabmal der Fürstin Matilde von Canossa. Beachtenswert sind seine Arbeiten als Porträtist.
Nach 1648 arbeitet er in Neapel, der Stadt in der er sein Meisterwerk hinterlässt, das Familiengrab De Caro und Cacace in der von Cosimo Fanzago entworfenen Kapelle in der Kirche zu San Lorenzo Maggiore aus dem Jahr 1653.

**Die Veronika
(1629-1640)**

Die 5 Meter hohe Veronika, ein Werk von Francesco Mochi, wurde am 4. November unter Anwesenheit von Urban VIII. enthüllt. Das im Jahr 1629 begonnene Werk ist das spektakolärste und barockste des Künstlers aus der Toskana. Der Künstler arbeitete lange Jahre daran, da er, wie er selbst in einem Brief an die Reverenda Fabbrica schrieb, „seine alten Tage mit einem denkwürdigen Werk" beschließen wollte. Auf der Basis findet man die Signierung: FRANCISKVS MOCHVS A MONTEVARCHI FACIEBAT (geschaffen von Francesco Mochi da Montevarchi). Dies ist die am meisten verehrte und berühmteste Reliquie. Der Legende nach ist es das Tuch, mit dem eine fromme Frau den blutende Antlitz von Jesus auf seinem Leidensweg zur Kreuzigung abgetrocknet haben soll. Auf wundersame Weise sollen auf ihm die Gesichtszüge abgedruckt geblieben sein. Das Vorhandensein dieser Relique in der Peterskirche wird schon im 8. Jahrhundert bezeugt. Seit dem Jubliläum im Jahre 1300 begann man damit, es den Pilgern während des Heiligen Jahres zu zeigen. Von da an übte es eine enorme Anziehungskraft aus und wird im gesamten Abendland als das bedeutenste Bildnis Christis betrachtet.

DER BILDHAUER FRANCESCO MOCHI WURDE 1580 IN MONTEVARCHI GEBOREN UND VERSTARB 1654 IN ROM.

Er wurde in Florenz ausgebildet und siedelte dann nach Rom über, wo er mit Camillo Mariani arbeitete. Im Jahr 1603 erhielt er den Auftrag für die Ausführung des Angelo annunciante (verkündenden Engels) für den Dom in Orvieto, der 1608 mit der Jungfrau Maria ergänzt wurde. Zurück in Rom wurde er von Maffeo Barberini mit der Skulptur der Heiligen Marta für die Familienkapelle in der Kirche Sant'Andrea della Valle beauftragt.

Diese stellte er aber erst im Jahre 1621 fertig, da er gleichzeitig in Piacenza an dem Monument von Ranuccio und Alessandro Farnese arbeitete und in Rom in der Paulinischen Kapelle in Santa Maria Maggiore. 1629 kehrte er endgültig in die Stadt des Papstes zurück und nimmt wieder Kontakt zu den Barberini auf zur Verzierung ihrer Kapelle. Er beginnt mit der Skulptur des Johannes dem Täufers, der die von Pietro Bernini, dem Vater des berühmten Gian Lorenzo Bernini, ersetzten sollte.

Sie wurde allerdings in der Kapelle aufgestellt. 1631 übergab er das Stuckmodell der kolossalen Statue für einen der Pfeiler der Peterskirche, die Veronika. Ihre Marmorstatue wurde im November 1640 unter Anwesenheit von Urban VIII. enthüllt. Verschiedene Werke des Bildhauers blieben unvollendet oder wurden nicht von den Auftraggebern abgeholt. Unter anderem die Statuen der Heiligen Peter und Paul, die von dem Abt von Montecassino für die Basilika Sankt Paul vor den Mauern in Auftrag gegeben wurden aber nie entgegengenommen wurden. Auf Geheiß von Alexander VII Chigi wurden die unvollendeten Statuen auf der äusseren Fassade der „Porta del Popolo" angebracht, wo sie bis 1980 blieben.

Der Heilige Andreas

Der 4.68 Meter hohe Sankt Andreas ist ein Werk von François Duquesnoy und wurde am 2. März 1640 unter Anwesenheit von Urban VIII. enthüllt. Er wurde als erste der vier Statuen in den Pfeilern begonnen. Der Heilige wird dynamisch vor seinem charakteristischen Kreuz dargestellt, wie er verzückt in den Himmel blickt. Die Arbeiten an diesem Werk dauerten lange, da der Bildhauer ein zweites Stuckmodell anfertigen musste nachdem das erste bei dem Transport aus seiner Werkstatt kaputt gegangen war. Die Überführung das Apostelhauptes nach Rom war das Werk von Pius II. Piccolomini. Der Papst hatte nach der Türkeninvasion auf dem Peleponnes von Tommaso Paleologo, dem letzten Herrscher von Morea, die Reliquie des kostbaren Hauptes erhalten. Die kostbare Reliquie wurde von Kardinal Bessarione an der Brücke Ponte Milvio in Empfang genommen und mit einer feierlichen Zermonie am Palmsonntag des 12. April 1462 nach Sankt Peter transportiert. Zu Beginn wurde sie aus Sicherheitsgründen in der Engelsburg aufbewahrt. 1464 wurde die Reliquie in einen Tabernakel in dem hintersten linken Kirchenschiff der konstantinischen Basilika überführt. Anfang des darauffolgenden Jahrhunderts ließ der Erzbischof von Siena Francesco Bandini Piccolomini, ein Nachkomme von Pius III Piccolomini den Altar mit einer Marmorstatue verzieren, die den Heiligen darstellt. Diese Figur ist heute im Korridor zum Eingang in die Sakristei zu sehen. Die Reliquie wurde 1966 von Paul VI der Stadt Patras geschenkt, dem Ort an dem der Heilige Andreas verstarb.

DER BILDHAUER FRANÇOIS DUQUESNOY WURDE FRANCESCO DER FLAME GENANNT UND WURDE 1597 IN BRÜSSEL GEBOREN UND VERSTARB 1643 IN LIVORNO.

Nach den ersten künstlerischen Erfahrungen in der Heimat unter der Leitung seines Vaters, Jerome der Ältere, Schöpfer des berühmten Manneken-Pis, siedelte er 1618 Dank einer Pension des Grossherzogs Alberto nach Rom über. Nach dem Tod seines Mäzen verblieb er ohne Lebensunterhalt und um zu überleben, führte er Arbeiten in Holz und Elfenbein aus. Bald schon wurde er bei den Sammlern am römischen Hof bekannt.

Zusammen mit Gian Lorenzo Bernini war er an den Arbeiten am Baldachin beteiligt und schloss mit dem Maler Nicolas Poussin Freundschaft, der 1624 nach Rom gekommen war. Bald schon erreichte er eine angesehene Stellung in den klassizistischen Kreisen. Von 1630 an widmete er sich dem grossdimensionalen Bildhauerkunst und nach der geglückten Vorführung der Statue Santa Susanna vor dem Publikum in der Kirche Santa Maria di Loreto, wurde er mit der Schaffung des Sant'Andrea für die vatikanische Basilika beauftragt.

Diese zwei Werke wurden lange Zeit als exemplarisch für die religiöse Bildhauerkunst angesehen. 1632 wurde er als Mitglied an der Akademie San Luca aufgenommen und ein Jahr später trat er in die Kongregation der Virtuosen des Pantheons ein. In jenen Jahren erhielt er viele Privataufträge (berühmt sind seine Darstellungen von Putten), diese führte der flämische Bildhauer neben seiner Arbeit als Restaurateur von antikem Marmor aus. Ende der 30er Jahre wurde er von Luigi XIII nach Paris gebeten und verstarb während der Reise in Livorno.

Die Zwickel Am Ende des 16. Jahrhunderts wurde mit der Dekoration der Kuppel an den Zwickeln begonnen mit der Darstellung der vier Evangelisten.

Giovanni de' Vecchi
Johannes mit dem Adler
15. Februar 1599

Giovanni de' Vecchi
Lukas mit dem Stier
19. November 1599

Cesare Nebbia e Paolo Rossetti
Matthäus mit dem geflügelte Mann
5. März 1599

Cesare Nebbia e Paolo Rossetti
Markus mit dem Löwen
19. November 1599

Nach der Beendingung der Zwickel zog Klemens VIII 1603 Giuseppe Cesari, auch Cavalier d'Arpino genannt, Cristoforo Roncalli für die Weiterführung der Innendekorationen der großen Kuppel vor. Vom 11. Juli bis zum 20. Januar 1613 sind die ihm gezahlten Löhne registriert.

Die gesamte Oberfläche wird von 16 Gewölberip-

Die Kuppel

pen geformt, die in 6 Abschnitte mit 96 Figuren in trapezförmigen und runden Grundierungen unterteilt sind. In der runden Öffnung der Lanterne, die von acht Engelsköpfen umringt ist, befindet sich Gottvater. In drei konzentrischen Kreise, von oben nach unten ist ein Engelschor verteilt. Diese Darstellung inspiriert sich am De coelesti Hirarchia des Pseudonyms Dionysos. Die sich am nächsten zum Gottesthron befindlichen Seraphen sind von Rocco Solaro aus Stuck als vergoldete Häupter mit weißen Flügeln dargestellt. Anbetende Engel trennen sie von den Cheruben, vergoldete Häupter umringt von sechs himmelblauen Flügeln auf einem vergoldeten Feld mit Sternen. Außerdem findet man betende Engel auf Wolken, drei davon zeigen die Symbole der Passion. An die Kirche des reinen Geistes schließt sich zum Wohlgefallen des Gottvaters die weltliche Kirche an. An ihrer Spitze steht Christus, Mensch-Gott, König und Richter. Ihm zur Seite stehen die Heilige Jungfrau und Johannes der Täufer, daneben Sankt Paul und die 12 Apostel. In den Lünetten sieht man Bilder und Porträts von Patriarchen und Bischöfen. Auf dem oberen Ring, der von 32 vergoldeten Sternen umringt ist, steht auf blauem Grund geschrieben: S. PETRI GLORIAE SIXTVS PP. V A. MDXC PONTIF. V Zu Ehren von Sankt Peter, Papst Sixtus V, 1590, im fünften Jahr seines Pontifikats) Die Inschrift wurde von Klemens VIII Aldobrandini zum Andenken an seinen Vorgänger Sixtus V Peretti angebracht, der den Bau

der Kuppel gefördert hatte. Auf der Spitze sitzt die 18 Meter hohe Laterne auf. Sie wird von einer kleinen Kuppel abgeschlossen, die mit einem Mosaik verziert ist. Dieses stellt den Ewigen Vater in der Glorie dar und ist in den Jahren 1603 bis 1604 von Ranuccio Semprevivo ausgeführt worden.

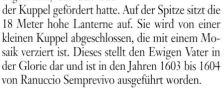

DER MALER GIUSEPPE CESARI, GENANNT DER RITTER VON ARPINO, WURDE 1568 IN ARPINO BEI FROSINONE GEBOREN UND VERSTARB 1640 IN ROM.
Als 14 jähriger kam er nach Rom und abeitete unter der Leitung von Niccolò Circignani an der Herstellung der Farben für die Dekoration der vatikanischen Logen im dritten Stock. Da er aus der Gruppe hervorstach, wurde ihm die Möglichkeit gegeben, eigenständig zu malen. Er führte daraufhin eine Abbondanza (Fülle) aus. Dieses erste Zeugnis seiner Kunst verbindet den Stil Circignanis mit der Eleganz von Raffaellino aus Reggio. Im Jahre 1586 wird er in der Kongregation der Virtuosen des Pantheons aufgenommen und erhält viele Aufträge: Sankt Attanasius der Griechen (beendet 1591) und den Heiligen Lorenz von Damaskus (1588). Nach einem Aufenthalt in Neapel kehrt er nach Rom zurück. Sein Schaffen erregt das Interesse von Klemens VIII. Aldobrandini, der ihm die wichtigsten öffentlichen Aufträge zuschreibt: die Fresken im Palazzo dei Conservatori auf dem Kapitol, 1596-1612, die Dekorationen im Querschiff des Laterans, die Leitung der Arbeiten zur Mosaikverkleidung der Kuppel in der Peterskirche, für die er 65 Vorlagen anfertigte. Gleichzeitig arbeitete er in der Kirche San Luigi dei Francesi in der Kapelle Contarelli eng mit Caravaggio zusammen, der nach einem klamorosen Streit sein Rivale wurde. Ausserdem abeitete er an der Villa Aldobrandini und in der Paulinischen Kapelle in Santa Maria Maggiore. Von 1610 ändert er radikal seinen Stil, nach seinem Tod wird er in San Giovanni im Lateran begraben.

Der Papstaltar

Über der Konfession, erhoben auf 7 Stufen aus griechischem Hymettos Marmor erhebt sich der Papstaltar. Er wurde über den älteren Altaren von Gregorius Magnus und Kalixtus II erbaut und befindet sich nicht genau in der Mitte der Kuppel sondern der Absis zugewand.

Wie es Brauch in den frühchristlichen Basiliken war, ist er nach Osten zu der aufgehenden Sonne hin ausgerichtet.

Dieser Altar ist allein dem Papst reserviert oder einer von ihm bevollmächtigten Person. Er wurde auf Wunsch von Klemenz VIII im Jahre 1594 errichtet, um mit einer Mensa den schon fertiggestellten Teil der Basilika zu vervollständigen.

Die Mensa, der obere Teil des Altars, besteht aus einem 4.35 Meter langen und 2 Meter breiten Architrav. Die vier Seiten mit edler und würdevoller Zeichnung sind mit Pavonazzetto verkleidet wie auch die Simse und mit drei Spiegeln auf den längeren Seiten und einem auf der kürzeren getrennt.

Im oberen Abschnitt findet man einen achteckigen Stern aus vergoldetem Metall, das Heraldswappen von Klemenz VIII. In der Mitte der Längsseiten ist ein Dreipasskreuz aus gelbem Marmor eingelassen, so wie schon im Altar des Kalixtus II. Papst Klemenz VIII weihte die neue Mensa am Sonntag des 26. Juni 1594. Drei Tage später hielt er hier zum ersten Mal Messe anlässlich des Festes der Heiligen Peter und Paul.

Vor der heutigen Anordnung durch Bernini hatte Paul V. über dem Altar einen 9 Meter hohen Holzbaldachin, wie er bei Prozessionen zu finden ist, angebracht. Dieser wurde von vier Engeln aus Gips und Pappmaché gestützt und war ein Werk von Ambrogio Buonvicino und Camillo Mariani. Es handelte sich dabei um eine Übergangslösung, die sicherlich nicht mit der Grandiosität der Basilika harmonierte. Schon seit seiner Wahl im Jahre 1623 war sich Papst Urban VIII dieses Problemes bewusst. Schon am 12. Juli des darauffolgenden Jahres beauftragte er Bernini mit dem Entwurf eines eindrucksvollen Ziboriums. Dabei sollten keine Kosten gescheut werden, um ein dem Ort und seiner Funktion würdiges Werk zu schaffen. Der Künstler erwieß sich des Vertrauens würdig und schuf die bedeutenste Bronzestruktur der barocken römischen Bildhauerei.

Trotz ihrer formallen Launenhaftigkeit und den enormen Ausmaßen von mehr als 28 Meter Höhe fügt sie sich harmonisch in den weiten Raum der Kirche ein. In der Tat verringert

Der Baldachin

DER BILDHAUER, MALER UND ARCHITEKT **GIAN LORENZO BERNINI** WURDE 1598 IN NEAPEL GEBOREN UND VERSTARB 1680 IN ROM.

Zusammen mit Borromini in der Architektur und Pietro da Cortona in der Malerei ist er der bedeutenste Vertreter des Barockstils. Seine Biographie ist reich an Anekdoten und legendären Taten, die ihn als genialen Geist, unruhig und ribellisch beschreiben.

Er vermarktete sein Talent gut und schuf eine wahre Fabrik für Dekorationen, die in Rom während des ganzen XVII. Jahrhunderts arbeitete. Schon als 23-jähriger wurde er mit dem Ehrentitel „Ritter des Christus" ausgezeichnet und zum Meister der Akademie von San Luca gewählt. Zwischen 1618 und 1619 schuf der den Äneas und Anchise und von 1621 und 1623 die Ratte von Prosperina, er beginnt den Apoll und Daphne und beendet den David. Nach der Wahl von Urban VIII. Barberini ist sein Werk unaufhörlich: die Fassade der Kirche Santa Bibiana und der Statue der Heiligen (1624), Beginn der Arbeiten an dem Baldachin der Peterskirche (1624), Grabmal von Urban VIII (1628). Im Jahre 1629 verstarb sein Vater Pietro, der sein grosser Agent gewesen war. Im gleichen Jahr wird er zum Architekten von Sankt Peter ernannt. Von 1630 an beschäftigt sich mit der Anordnung der Zone um die Beichte herum und stellt das Modell das Sankt Longinius aus, das erste Werk der tetralogischen Bildhauerei, die das Grab des Heiligen Petrus umgibt. 1633 schuf er in Sankt Peter das Grabmal der Fürstin Matilde. Nach dem Tod seines Freundes und Auftraggebers Urban VIII. wurde Innozenz X. Pamphilj zum Papst gewählt. Auf Grund eines Streites zwischen der Familie des neuen Papstes und dem berühmten und stolzen Künstler erleidet seine Karriere einen zeitweiligen Einbruch. Anlässlich der Vorbereitungen zum Jubiläum im Jahre 1650 wird er wieder für die Arbeiten an der vatikanischen Basilika engagiert und mit der Dekoration des Mittelschiffes beauftragt. Gleichzeitig erhält er 1648 die Genehmigung zur Konstruktion des Brunnens der Flüsse in der Piazza Navona, der 1651 fertiggestellt wurde. Im gleichen Jahr beendete er auch die Kapelle Cornaro in der Kirche Santa Maria della Vittoria und die Skulpturengruppe der Verzückung Heiligen Theresa von Avila. 1655 wurde Alexander VII. Chigi zum Papst gewählt. Im gleichen Jahr plante er die Dekoration der Kirche Santa Maria del Popolo und verzierte die Kapelle der Chigi. In den folgenden Jahren schuf er eine neue Verkleidung für die hochverehrte Reliquie des Heiligen Stuhls von Petrus, das Monument des Katheders, und führte die ersten Entwürfe zur Anordnung des Platzes aus. Vom 29. April bis 20. Oktober 1665 unternimmt er seine einzigste wichtige und auch unglückliche Reise ins Ausland. Er begibt sich an den Hof von Ludwig XIV., um an der Fassade des Louvre zu arbeiten. 1667 wurde Klemenz IX. Rospigliosi gewählt, für den er die Brücke Sankt Angelo entwarf. 1670 beginnt er die Arbeiten an der Kapelle des Sakramentes und 1676 mit dem Grabmal von Alexander VII., seinem letzten monumentalen Werk. 1679 führte er den Erlöser aus, den er der Königin Cristina von Schweden hinterliess.

der Baldachin den Eindruck von der Tiefe der Basilika nicht sondern verstärkt ihn. Er lässt demjenigen, der in die Kirche eintritt, die von den Säulen eingerahmte Absis noch ferner erscheinen. Bernini wollte eine Wiederholung der Ziboriumformen des Mittelalters und der Renaissance vermeiden – bestehend aus einem Gibel oder einer von Säulen gestüzten Marmorkuppel – um nicht einen kleinen Tempel im Inneren der Kirche zu schaffen. Er inspirierte sich daher an dem Baldachin der Prozessionen und zielte mehr auf den malerischen als auf den architektonischen Effekt. Sein Entwurf war daher von Stoffen inspiriert, die der Struktur einen leichten fast beweglichen und provisorischen Charakter verleihen sollte. Demzufolge wählte er vier gewundenen hohe Säulen, die die Struktur stützen. Er verhinderte so die Monotonie, die vier glatte Säulen von so außergewöhnlicher Höhe dem Ganzen verliehen sweils einschließlich des Kapitells aus 5 Teilen. Sie wurden nach zwei Modellen aus Erlenholz gegossen. Jeder Abschnitt ist im Inneren mit Verbindungsstücken und Schrauben befestigt, die die Vertikalität und Stabilität sichern. Die Verbindungsstellen sind mit nicht vergoldetem Blei bedeckt.

Das Ganze ist in drei Abschnitte unterteilt. Im unteren Teil findet man spiralförmige Kannelüren und in den zwei oberen Lorbeerzweige, Bienen (das Emblem der Barberini), Olivenzweige, Putten und Eidechsen. Sie laden dazu ein, den Blick die Spirale herauf von einer Kurve zur anderen schweifen zu lassen. Dies verstärkt den dynamischen nach oben gerichteten Anblick. Gleichzeitig beruft sich der Baldachin auf die antike Tradition. Die Kolonnen erinnern an die spiralenförmigen Säulen der Pergola der konstantinischen Basilika, die später in der Loge der Reliquien eingepasst wurden. Die Bronzekolonnen stehen auf Marmorpodesten, sind mit dem Wappen von Urban VIII verziert und enden in prächtigen Kompositkapitellen. Darüber findet man vier Würfel mit strahlenden Gesichtern im Relief (ein weiteres Wappen der Barberini), auf diesen findet man eine gegliederte Trabeation. Darüber erheben sich vier enorme Voluten, die sich in der Höhe vereinen, den Baldachin abschließen und einen Globus mit einem Kreuz stützen. In einem früheren Entwurf sollte an Stelle des Globus die Statue des triumphierenden Erlösers angebracht werden. Man kam dann aber von dieser Idee ab, da sie als zu schwer für die Holzdecke erachtet wurde. An den vier Ecken findet man vier von Andrea Bolgi, Giuliano Finelli und François Duquesnoy modellierte Engel, die Blumenghirlanden halten. Acht Putten zeigen die Schlüssel und die Papstkrone von Sankt Peter, sowie das Schwert und Buch von Sankt Paul. Am 29. Juni 1627, dem Fest der Heiligen Peter und Paul wurden genau drei Jahre nach der Genehmigung des Modells die Bronzekolonnen dem Publikum enthüllt. Sechs Jahre später, am 29. Juni 1633 wurde der gesamte Baldachin eingeweiht. Die Feinarbeiten wurden allerdings bis 1635 weitergeführt. Die enormen Arbeiten führte zu Kritiken sowohl am Künstler als auch am Auftraggeber vor allem auf Grund der Art und Weise, in der die enormen Mengen von Bronze beschaffen wurden. Zuerst montierte man die Rippen der Kuppel ab und gewann so 103.229 Pfund.

Fast genauso viel kam mit denen aus Venedig und Livorno angeforderten dazu. Als dies nicht ausreichte, zögerte Urban VIII nicht, die Bronzebalken aus dem Atrium des Pantheons und die Statue von Pasquino zu verwenden. Dies veranlasste Giulio Mancini, den Leibarzt des Papstes zu dem berühmten Ausspruch: Quod non fecerunt barbari, Barberini fecerunt (das was die Barbaren nicht gemacht haben, haben die Barberini gemacht) Das Pantheon lieferte mehr Metall als notwendig war. Zum Ausgleich erbaute man am Pantheon zwei Glockentürme, die im Volksmund spöttisch „die Eselsohren von Bernini" genannt und 1883 abgerissen wurden.

Gianlorenzo Bernini, *Ghirlandenhaltender Engel*

Zwei Treppen mit jeweils 16 Stufen auf jeder Seite führen in die Konfession hinab, den Ort, an dem sich das Grab des Heiligen Petrus befindet. Die Wände und Böden sind mit vielfarbigem Marmor verkleidet. Es ist architektonisch gesehen das bedeutenste Werk Steinlegearbeit im Rom des 17. Jahrhunderts und das letzte Werk von dieser Größe und Pracht, das mit dieser Technik ausgeführt wurde. 1615 beauftragte Paul V. den Architekten von Sankt Peter, Carlo Maderno, mit dem Entwurf. Dieser beendete die Arbeiten im Jahre 1618. Die Konfession wird von 89 immer brennenden Flämmchen beleuchtet, die in eleganten Füllhörnern aus vergoldeter Bronze nach Entwurf von Mattia de' Rossi eingesetzt sind. Am Ende des Halbrunds befindet sich eine kleine Absis, die mit einem Mosaik aus dem 10.

Die Konfession

Jahrhundert dekoriert ist. Dieses stellt den segnenden Christus dar. In der rechten Hand hält er ein aufgeschlagenes Buch, in dem zu lesen ist: EGO SVM VIA, VERITAS ET VITA: QVI CREDIT IN ME VIVET (Ich bin die Wahrheit und das Leben, wer in mich glaubt, wird leben). Dieses Bildnis ist kostbar wegen seines symbolischen Wertes und stammt vermutlich aus der Zeit von Leo IV (847-855). Es ist das einzigste Element aus der konstantinischen Basilika, das im Grab des Petrus angebracht wurde. Das kleine Halbrund schließt ein elegantes von Nicolas Cordier und Onorio Fanelli entworfenes Gitter ab. Auf der Stirnseite führ-

Nische Pallien

te Ambrogio Bonvicino zwischen 1616 und 1618 die Statuen der Heiligen Peter und Paul aus. Sie wurden von Biagio de Giusti gegossen und vergoldet. In der Mitte befindet sich die Nische, die Pallii genannt wird. In ihr steht eine Bronzeurne, ein Geschenk von Benedetto XIV Lambertini, in der 4-6 cm breite weiße Wollstreifen aufbewahrt werden. Auf ihnen heben sich sechs Kreuze aus schwarzer Seide hervor. Sie sind aus der Wolle von zwei weißen Lämmern hergestellt, die am 21. Januar in der Basilika Sant'Agnese auf der Nomentana gesegnet werden. Sie werden vom Papst am 29. Juni, dem Fest der Heiligen Peter und Paul gesegnet.

Sankt Peter
Mosaik aus dem IX. Jahrhundert, erneuert zwischen 1625 und 1626 Restauriert 1864

DER ARCHITEKT UND BILDHAUER MATTIA DE' ROSSI WURDE 1637 IN ROM GEBOREN UND VERSTARB DORT 1695.

Er war der erstgeborene Sohn von Marcantonio de' Rossi, einem Mitglied der Akademie San Luca und Vermesser des Apostolischen Saales. Mattia sammelte seine ersten künstlerischen Erfahrungen als Assistent seines Vaters und von Gian Lorenzo Bernini.
Während der berühmten Reise Berninis nach Paris wurde der junge Mitarbeiter als Begleiter des Maestros ausgewählt, weil er als sein bester Schüler galt. Nach Berninis Tod, führte de' Rossi die Leitung der unvollendeten Werke weiter. 1682 wird er vom Kardinal Paluzzo Altieri mit dem Entwurf des Grabmales von Klemenz X. Beauftragt. Er lässt sich dabei von Leonardo Reti im Basrelief des Sarkophages abbilden, in der niederknieden, ein Tablett haltenden Figur neben dem Prinz Gaspare Altieri. Er leitete verschiedene Baustellen in Rom und zusammen mit seiner Gattin kehrte er 1666 nach Paris zurück, um zwei exemplarische Modelle des Entwurfes von Bernini für den Louvre auszuführen.

Die Kapelle der Pietà ist die erste im rechten Seitenschiff. In dieser Zone sieht man die Rückseite der *Heiligen Tür*, eine Wand, die mit Rohputz verkleidet ist und an deren Seite sich zwei Säulen befinden. Darüber in einem Rahmen auf sizilianischem Jaspis stellt ein Mosaik *Sankt Peter mit den Schlüsseln und dem Buch* dar. Es wurde von Fabio Cristofari nach einer Zeichnung von Ciro Ferri ausgeführt. Das dominante ikonographische Thema konzentriert sich auf das Mysterium der Kreuzung und der Erlösung, die von ihm ausgeht. Die Kapelle war einst dem Kruzifix geweiht wegen der Holzskulptur mit dem sterbenden Christus, die auf einem Marmorkreuz angebracht war und heute noch im Hintergrund zu sehen ist. 1749 wechselte sie ihren Namen als Benedikt XIV Lambertini anordnete, die Pietà von Michelangelo aus der Chorkapelle hierher zu verlegen. Die Innendekorationen

Marmorkreuz auf der Hinterwand

von Giovanni Lanfranco sind einzigartig in der gesamten Basilika wegen der Anwendung der Freskotechnik, die hier nicht mit Mosaikverkleidungen ersetzt wurde. Die Darstellungen auf den inneren Gewölben verfolgen die antike Tradition, die am Eingang jeder Kirche ein Bild des Kruzifixes wollte wenn nicht sogar eine dem Erlöser geweihte Kapelle.

La Pietà
(1498-1499)

Die Skulpturengruppe der Pietà wurde von dem dreiundzwanzigjährigen Michelangelo für den Kardinal Jean Bilhères de Lagraules, Abt von Saint-Denis und Botschafter von Karl VIII bei Papst Alessandro VI Borgia ausgeführt. Der Geistliche hatte die Skulptur in Auftrag gegeben, um sein eigenes Grab in der antiken Kapelle der Heiligen Michael Erzengel und Petronilla auf der linken Außenseite der konstatinischen Basilika zu schmücken. Zum Zeitpunkt des Auftrages war Michelangelo erst seit zwei Jahren in Rom und hatte zwei Werke geschaffen: den verlorengegangenen Cupido-Apoll und den Bacchus für den Bankier Jacopo Galli. Dieser sollte dann als Garant für das gute Gelingen der Arbeiten im Vatikan eintreten. Als 1499 die Pietà fertiggestellt wurde, erkannte man in ihr sofort ein absolutes Meisterwerk, was erstaunlich für einen so jungen Künstler war. Wie Benedetto Varchi in seiner Grabrede für den Künstler erinnert, findet man auf dem Gürtel die volle Unterschrift, ein Detail, das sich in keinem der darauffolgenden Werke wiederholen sollte: MICHAEL ANGELVS BONAROTVS FLORENT (inus) FACIEBAT.

Vor dem Jahr 1520 wurde die Kapelle, in der sich die Pietà befand, abgerissen, um Platz für den Bau der neuen Basilika zu schaffen. Die Skulptur wurde in das antike Sekretarium auf der linken Seite der Fassade überführt, einem der Orte, in denen der Papst die Paramente anlegte, wenn er Messe in Sankt Peter feierte. 1568 wurde die Pietà auf Vorschlag des vatikanischen Kanonikers Antonio Carafa auf den von Sixtus IV erbauten und der Unbefleckten Empfängnis geweihten Altar in der Chorkapelle umverlegt. Der neue Standort erwies sich sofort als unvorteilhaft: die mangelnde Beleuchtung im Inneren ließ das Werk schlecht erkennen und die Besucher konnte während der Liturgie nicht in die Kapelle eintreten. Diesen Beschränkungen versuchte ein anderer Kanoniker, Ludovico Bianchetti Abhilfe zu verschaffen. Er nutzte die Gelegenheit des Heiligen Jahres 1557, um die Pietà mit Marmorverzierungen zu umrahmen und sie auf einen Sockel zu setzten. Dieser war zwar prächtig, verdeckte die Skulptur aber noch mehr. Im Jahre 1609, als Paul V den Bau des neuen Kirchenschiffes genehmigte, wurde die Pietà erneut verlegt. In Voraussicht ihrer Unterbringung im neuen Chor, wurde sie in dem Raum für die Zelebration der Kanoniker aufgestellt, auf dem Altar der Heiligen Simon und Judas, heute Sankt Joseph. Nach der Entscheidung, den Altar der Chorkapelle mit einem Mosaik, das die Unbefleckte Empfängnis darstellte, zu schmücken, bemerkte man, dass die Anwesenheit von zwei Madonnen auf dem selben Altar gegen die Regeln verstieß. In der Nacht des 3. Dezembers 1749 ließ daher Benedikt XIV Lambertini eine weitere und diesmal endgültige Umverlegung anordnen, zusammen mit der elliptischen Base, die 1626 von Francesco Borromini ausgeführt und 1968 umgeändert wurde. Die Pietà ist eins der ersten Werke Michelangelos, sie bezeugt aber seine volle künstlerische Reife. Michelangelo betont absichtlich die Jugend der Madonna und kommt damit von der üblichen Tradition ab, die Maria im reifen Alter darstellt. Maria wird somit zum Symbol für das ewige Leben. Die Madonna ist gleichzeitig Jungfrau und Mutter, sie bewahrt die unberührte Jugend ihres Antlitzes und lässt durch ihr entrücktes Schweigen den Schmerz um den Tod ihres Sohnes erkennen. Ihr Sohn liegt sacht, fast wie schwerelos auf ihrem Schoss. Die Figur des Christus hat weder die Steife des Leichnams noch zeigt sie Spuren seiner Wunden. Es ist die perfekte Menschlichkeit des Gott-Menschen, die weder vom Tod noch von den erlittenen Qualen entstellt ist. Die Pietà wird als Michelangelos virtuosestes Werk angesehen. Gleichzeitig ist es aber auch die bewegenste Darstellung von tiefer Trauer und ruhig gefasstem Schmerz. Bevor man in die zweite Kapelle kommt, führt ein elegantes Gitter auf der rechten Seite des Durchgangbogens in die kleine *Kapelle der Reliquien*. Über der Eingangstür befindet sich das *Denkmal des Papstes Leo XII della Genga* (1823-1829) von Giuseppe De Fabris. Es stellt den Papst stehend und feierlich mit den päpstlichen Gewändern dar. Er ist von großen Fächern umringt, die von Dienern bei feierlichen Zermonien getragen werden und in der segenspendenden Geste des Urbi et Orbi dargestellt, anlässlich des von ihm ausgerufenem Jubiläums im Jahre 1825. Gegenüber sieht man das Denkmal der Königin Christina von Schweden (1626 – 1689) von Carlo Fontanta. Es wurde am 28. Juni 1702 dem Publikum enthüllt. Der Leichnam der Königin ruht in der vatikanischen Gruft.

Giuseppe de Fabris, Denkmal an Papst
P 253   Leo XII. Della Genga

Auf dem Altar findet man das *Martyrium des Sankt Sebastian*, ein römischer Martyrer, der in der antiken Basilika seit Ende des 10. Jahrhunderts verehrt wurde. Es ist die Mosaikkopie eines Originals in Freskotechnik, mit dem Domenico Zampieri, auch Domenichino genannt, im März 1625 beauftragt-wurde und das sich einst hier befand. An den Seiten findet man zwei Säulen aus Marmor. Unten ruht der Leichnam des Seligen Innozenz XI Odescalchi, der nach seiner Seligsprechung um 7. Oktober 1965 hier niedergelegt wurde.

Die Kapelle des Heiligen Sebastian

Grabmal der Fürstin Matilde von Canossa (1633-1637)

Wenig weiter links findet man das Grabmal der Fürstin Matilde von Canossa (1046-1115) von Gian Lorenzo Bernini. Das Werk wurde Ende des Jahres 1633 von Urban VIII. in Auftrag gegeben. Der Papst veehrte auf spezielle Art das Andenken an Matilde. In den Jahren vor seiner Wahl hatte er der Kriegsheldin ein Gedicht gewidmet. Sein Wunsch, ihr Andenken mit einem würdigen Grabmal in der vatikanischen Basilika zu ehren, veranlasste die Überführung der sterblichen Reste der Fürstin von dem Kloster San Benedetto Po, in der Nähe von Mantova nach Rom. Am 10. März 1634 wurde der Leichnam aus der Engelsburg in die Basilika gebracht, wo das Denkmal schon fertiggestellt war. Eine der mächtigsten Frauen im Mittelalter und Wohltäterin des Heiligen Stuhls wurde somit für immer im größten Tempel der Christenheit gedacht. Ihr in Mamor gehauenes Abbild war der Anfang einer Serie von Frauen gewidmeten Grabmälern in Sankt Peter. Später folgten Königin Christina von Schweden und Maria Klementina Sobieski. Auf Geheiß des Papstes wurden zwischen Dezember 1633 und März 1634 die Gelder für die Arbeiten bewilligt, die mit großem Engagement im Frühjahr 1634 begonnen wurden. Das Werk wurde am 21. März 1637, am Tag des Sankt Benedikts (auch wenn in der Inschrift das Jahr 1635 angegeben ist), dem Publikum enthüllt und eingeweiht. Wie es häufig vorkommt, bediente sich Bernini im Zuge dieses Werkes zahlreicher Mitarbeiter: Agostino Radi und Alessandro Loreti arbeiteten an der Architektur und Giuseppe Balsimelli und Niccolò Sale an den Entwürfen der Statuen, die von Bernini

selbst gemeißelt wurden. Zwischen März 1634 und Februar 1636 führte Stefano Speranza das Basrelief aus. Dies zeigt die historische Episode, in der Gregor VII. Kaiser Heinrich IV am 28. Januar 1077 in Canossa verzeiht.

Grabmal der Gräfin Matilde von Canossa, Detail [P. 161 : Prashalis II]

Anwesend waren die Fürstin Matilde, ihr Sohn Amadeo und der Abt Ugo von Cluny. Über dem Sarkophag befinden sich zwei Putten, die eine Schriftrolle halten.

Die rechte ist von Luigi Bernini, dem Bruder von Gian Lorenzo, die andere von Andrea Bolgi, der auch der Autor der Schriftrolle mit der Inschrift ist.

Auf dem Bogen schufen Matteo Bonarelli, Andrea Bolgi und Lorenzo Flori die Putten mit der Krone, Haraldswappen und dem Motte: TVETVR ET VNIT (schützt und vereint).

Grabmal der Gräfin Matilde von Canossa, Detail

Die Kapelle des Allerheiligsten Sakraments

In die prunkvolle Kapelle des Allerheiligsten Sakraments kommt man durch ein elegantes Eisengitter mit Bronzeornamenten und dem Wappen von Urban VIII, das von Francesco Borromini zwischen 1629 und 1630 entworfen wurde. Die Kapelle war anfangs als Sakristei geplant und wandelte endgültig ihre Funktion im Jahre 1638. Im Inneren findet man prächtige vergoldete Stuckdekorationen, die von Giovan Battista Ricci zwischen 1623 und 1627 ausgeführt wurden. Auf 14 Basreliefen im Gewölbe und sieben auf den Wänden sind Szenen aus dem Alten und Neuen Testament dargestellt. Die allegorischen Statuen der Fülle, des Glaubens, des Opfers und der Barmherzigkeit verzieren die vier

Bögen. Diese sind mit 16 Engeln geschmückt, acht große in den Giebelfeldern und acht kleine an den Kragsteinen. Der Mittelpunkt der Kapelle ist der

FRANCESCO CASTELLI, AUCH BORROMINI GENANNT.

Im Zuge der von Paul V. gewollten Arbeiten, waren unter der Leitung von Carlo Maderno mehr als 700 Arbeiter und Assistenten angestellt. Unter ihnen auch ein weitläufig verwandter Marmormetz mit Namen Francesco Castelli, der später unter dem Namen Borromini zu Berühmtheit gelangte. Das Schaffen Borrominis in Sankt Peter beginnt um das Jahr 1619 herum.

Ein Jahr lang arbeitete er als Steinmetz und führte kleinere Dekorationen im Atrium der vatikanischen Basilika aus. Er war von 1623 bis 1633 ununterbrochen als Steinmetz aktiv.

Allerdings hat der geniale Künstler des römischen Barocks, der später der Hauptrivale Berninis werden sollte, nur wenige Spuren in der vatikanischen Basilika hinterlassen. Als Autor kleiner künstlerischer Schmuckwerke arbeitete er an der Basis für die Pietà von Michelangelo und zwischen 1626 und 1628 am Sockel des Baldachins. Zwischen 1627-1628 behaut er Rahmen und den Engelskopf für das Marmoraltarbild von Alessandro Algardi mit Attila der Leo den Grossen trifft und auch den Altar mit dem Fundament, den Stufen, Boden und Balustrade.

Im Inneren der Kapelle des Allerheiligsten Sakraments findet man von ihm die Marmorrahmen der Fenster und der linken Doppeltür. Auch in der Chorkapelle zeigen einige Details den Stil Borrominis. Außer der Balustrade des heutigen Altars vom Heiligen Joseph und den kleinen Marmorverzierungen an verschiedenen Altaren, versuchte er sich auch mit Eisenarbeiten. Er entwarf die Gitter der Kapelle des Allerheiligsten Sakraments und der Chorkapelle. (In der Quittung zur Bezahlung letzter Arbeit vom 9. September 1628 unterschrieb er zum ersten Mal mit Borromini anstatt mit seinem richtigen Namen Francesco Castelli).

Altar. Er ist kostbar wegen der Seltenheit der verwendeten Marmorarten. Darüber erhebt sich das Ziborium von Gian Lorenzo Bernini. Es wurde schon von Urban VIII im Jahre 1629 in Auftrag gegeben aber erst nach fast 50 Jahren unter Klemenz X fertiggestellt. Mit diesem Werk, das vom Kontrast zwischen Gold, Silber und dem nachtblauen Lapislazuli lebt, hat der Künstler eine harmonisches Beispiel der monumentalen Goldschmiedekunst geschaffen. Inspiriert an den architektonischen Beispielen aus dem vorherigen Jahrhundert (der kleine Tempel des Sankt Peter in Montorio von Donato Bramante, die Kuppel von Sankt Peter, der Altar von Jacopo Sansovino in der Basilika des Heiligen Kreuzes in Jerusalem), ist es dem Künstler gelungen in der oberen Dekoration mit den 12 Aposteln und dem Erlöser auf der kleinen Kuppel den Geist des Barock auszudrücken. An den beiden Seiten zeigt Bernini mit den zwei großen vergoldeten Bronzeengeln ein Thema, das von ihm seit seinem Debüt bevorzugt wurde. Der rechte Engel hält die Hände vor der Brust verschränkt und schaut mit einem Ausdruck von verzückter Glückseligkeit zu den Gläubigen. Der linke ist im Gebet versunken und schaut mit sanftem Blick zum Tabernakel. In den Jahren vor der heutigen Anordnung hatte Pietro da Cortona von 1628 bis 1631 das Altarbild der *Dreifaltigkeit* gemalt. Die Reverenda Fabbrica entschloss sich im Jahre 1627, Giudo Reni mit den Ausführungen des Werkes dieser Kapelle zu beauftragen.

Pietro da Cortona, *Dreifaltigkeit*

Bevor man zu diesem Entschloss gelang, waren die Kandidaturen von Giovanni Lanfranco und Simon Vouet abgelehnt worden. Auf Grund von Meinungsverschiedenheiten und wiederholten Anlässen, die zu Unstimmigkeiten führten, scheiterten die Verhandlungen. Nach der überstürzten Abreise des Künstlers nach Bologna im Februar des darauffolgenden Jahres, wurde der Auftrag Dank der Unterstützung des Kardinals Francesco Barberini an Cortona weitergegeben. Es handelt sich hier um eine typische barocke Komposition: dynamisch und lebhaft mit vielen Figuren, gleichzeitig aber auch harmonisch ausgeglichen. Dieses ikonographische Modell wurde schon zu seiner Zeit bewundert und im darauffolgenden Jahrhundert wiederaufgenommen.

DER MALER UND ARCHITEKT PIETRO BERRETTINI, AUCH PIETRO DA CORTONA GENANNT, WURDE 1596 IN CORTONA AREZZO GEBOREN UND VERSTARB 1669 IN ROM.

Er beginnt seine Tätigkeit mit dem Maler Andrea Commodi aus Florenz. Im Jahre 1612 folgt er seinem Meister nach Rom und zwei Jahre später tritt er in die Werkstatt von Baccio Ciarpi ein. Ausschlaggebend sind seine Kontakte mit den klassizistischen Kreisen der Antiquitätenhändler und der adligen Laien. Auf diese Weise lernt er Cassiano dal Pozzo kennen, den gebildeten Sekretär des Kardinals Barberini, der ihn in die klassischen Studien der Antike einführt und Marcello Sacchetti, seinen bedeutesten Mäzenen.

Für letzteren malt er in den zwanziger Jahren die Werke Sacrificio di Polissena, Trionfo di Bacco und Ratto delle Sabine (Rom, Pinakothek des Kapitols). Von 1616 an beginnt er mit verschiedenen dekorativen Werken und Fresken: Villa Arrigoni-Muti in Frascati, Palazzo Mattei di Giove 1622, Geschichten der Heiligen Bibiana in der Kirche Santa Bibiana, 1624-1626. Im Jahre 1631 arbeitete er an den Dekorationen des Palazzo Barberini mit seinen Schülern Giovan Francesco Romanelli und Giacinto Giminiani. Als ausschlaggebend für die Entwicklung der Malerei in Rom in jenem Jahrhundert erweist sich das Fresko im Salon, das den Triumph der göttlichen Vorsehung darstellt, 1633-1639. Nach den Eingriffen in der Sakristei der Kirche S. Maria in Vallicella 1633 und der Rekonstruktion der Kirche der Heiligen Lukas und Martina im Jahre 1644, siedelte er 1637 für einige Monate nach Norditalien über und hielt sich in Florenz auf. Dort malt er auf Wunsch von Ferdinando I. Medici das Ofenzimmer im Palazzo Pitti mit Fresken aus. Zwischen 1641 und 1647 arbeitet er an den Zimmern von Venus, Jupiter, Mars und Apoll. Diese werden später nach seinen Vorlagen von seinem Schüler Ciro Ferri beendet. 1647 kehrt er endgültig nach Rom zurück und nimmt die Arbeiten an der Dekoration der Kirche S. Maria in Vallicella wieder auf. Das Hauptwerk seines späten Schaffens sind die Fresken mit den Geschichten des Äneas in der von Borromini erbauten Gallerie im Palazzo Pamphilj auf der Piazza Navona. Von 1660 an widmet er sich der Herstellung von Vorlagen für die Mosaiken in den Kuppeln und im rechten Kirchenschiff der vatikanischen Basilika. Darüber hinaus hat er eine wichtige Rolle in der Architektur gespielt, wo er sich im klassizistischen Stil ausdrückte und den Stil von Bramante und Palladini mit der kräftigen Plastizität Michelangelos verband: die Fassaden von Santa Maria della Pace 1656-1657 und Santa Maria in Via Lata 1658-1662. Zusammen mit Domenico Ottonelli hat er die Abhandlung über die Bildhauerkunst und Malerei geschrieben.

83

Das Werk von Camillo Rusconi wurde vom Kardinal Giacomo Boncompagni, einem Neffen des Papstes in Auftrag gegeben. Es ist ganz und gar aus weissem Marmor.

Jedes Objekt scheint lebendig, angefangen von dem geflügelten Drachen der Familie Boncompagni, der unter dem Sarkophag hervorkriecht. Direkt darüber steht die Figur des Papstes, der seiner rechten zugewand ist und in segnender Geste dargestellt ist. Weiter unten links, steht ihm die auf einer weichen Volute gelehnte Statue der Religion gegenüber. Sie zeigt eine Tafel mit einem Zitat aus der Apokalypse und hält ein aufgeschlagenes Buch: NOVI/ OPERA/ EIVS/ ET/ FIDEM/ APOC. CAP.2/ V.19 (Ich weiss um seine Werke und seinen Glauben. Auf der gegenüberliegenden Seite befindet sich die *Herrlichkeit* in den Gewändern der Minerva. Sie ist dabei dargestellt, wie sie eine üppige Drappierung anhebt, um das Basrelief auf dem Sarkophag zu zeigen (laut anderen Autoren handelt es sich bei dieser Figur um den Mut, die Stärke oder die Weisheit). In einem lebhaften aber gleichzeitig harmonischen Umbruch stellt Carlo Francesco Mellone auf dem Basrelief Personen dar, die an dem wichtigsten Ereignis des Pontifikats von Gregor XIII beteiligt waren: *Die Kalender Reform*, die von ihm im Jahre 1582 durchgeführt wurde. Der Kardinal Guglielmo Sirleta stellt dem Papst drei kniende Personen vor, die ihm das Projekt für die Reform darlegen: der Jesuit Cristoforo Clavio, Antonio Lilio und der Domenikaner Ignazio Danti, ein berühmter Mathematiker. Auf der linken Seite sieht man Ignazius Cognitus Acmet Allà, den Patriarchen von Antochia. Die Szene wird belebt durch die Figuren von Leonardo Abele aus Malta, Dolmetscher während der Begegnungen, Vincenzo Lauro, Bischof von Mondovì, Serfino Olivari, Pietro Giacconio, Pater Cristoforo Clavio S. J. und Giuseppe Moletti, Professor an der Università von Padova. Bei seiner Einweihung Anfang September 1723 hatte das Werk großen Erfolg und wurde von vielen als das beste in der gesamten Basilika bezeichnet.

DER WANDELGANG VON MICHELANGELO
Erster Abschnitt rechts

In dieser Zone knüpft der Anbau aus dem 17. Jahrhundert von Carlo Maderno an die von Michelangelo entworfene Struktur aus dem 16. Jahrhundert an. Genau in diesem Bereich wurde mit dem Abriss der letzten Reste der antiken konstantinischen Basilika begonnen. Hier beginnt ein Wandelgang, ein breiter Korridor, der eine ideelle Weiterführung der Seitenschiffe ist, das zentrale Achteck umrundet und bis zum linken Seitenschiff gegenüber der klementinischen Kapelle führt.

Am Ende des rechten Seitenschiffes befindet sich der Altar des Sankt Hieronymus, auf der Rückseite des Pfeilers des Sankt Longinus. Seit dem 2. Juni 2001 ist er dem Seligen Johannes XXIII gewidmet. Auf ihm findet man das Altarbild mit der *letzten Kommunion des Sankt Hieronymus*. Es ist eine im Jahre 1730 in Mosaiktechnik ausgeführte Kopie des berühmten Gemäldes von Domenichino, das heute in der vatikanischen Pinakothek aufbewahrt wird. Unter dem Altar ruht der Leichnam des seligen Papstes Johannes XXIII, der am 4. Juni 2001 hierhin überführt wurde. Das Bildhauerwerk ist von Novello Finotti. Auf vier Basreliefen aus vergoldeter Bronze hat er zwei Ereignisse aus dem Pontefikat des Johannes festgehalten.

Der Altar von Sankt Hieronymus

Die gregorianische Kapelle

P 227

Die der Madonna geweihte Kapelle wurde zwischen 1578 und 1580 unter Papst Gregor XIII Boncompagni, nach dem sie genannt wurde, dekoriert. Sie wurde als erste Kapelle sowohl in ihrer architektonischen Struktur als auch in den dekorativen Elemente fertiggestellt. Mit dem Bau der Kapelle begann Michelangelo im Jahre 1561. Vignola führte die Arbeiten von 1567 bis zu seinem Tod 1573 weiter. Die Struktur wurde unter der Leitung von Giacomo Della Porta fertigge-

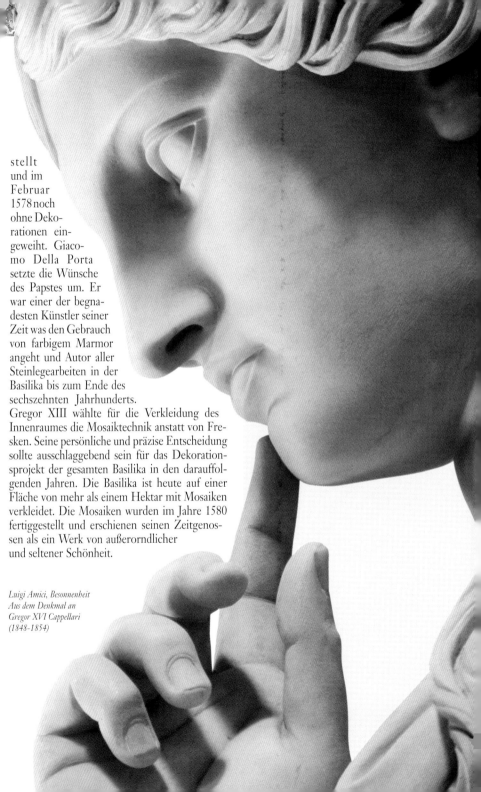

stellt
und im
Februar
1578 noch
ohne Deko-
rationen ein-
geweiht. Giaco-
mo Della Porta
setzte die Wünsche
des Papstes um. Er
war einer der begna-
desten Künstler seiner
Zeit was den Gebrauch
von farbigem Marmor
angeht und Autor aller
Steinlegearbeiten in der
Basilika bis zum Ende des
sechszehnten Jahrhunderts.
Gregor XIII wählte für die Verkleidung des
Innenraumes die Mosaiktechnik anstatt von Fresken. Seine persönliche und präzise Entscheidung
sollte ausschlaggebend sein für das Dekorations-
projekt der gesamten Basilika in den darauffolgenden Jahren. Die Basilika ist heute auf einer
Fläche von mehr als einem Hektar mit Mosaiken
verkleidet. Die Mosaiken wurden im Jahre 1580
fertiggestellt und erschienen seinen Zeitgenossen als ein Werk von außerorndlicher
und seltener Schönheit.

Luigi Amici, Besonnenheit
Aus dem Denkmal an
Gregor XVI Cappellari
(1848-1854)

SCHNITTPUNKT MIT DEM RECHTEN QUERSCHIFF

Diese Zone ist einer der vier Arme, die im von Michelangelo entworfenen Projekt in Form des griechischen Kreuzes vorgesehen war. Die Fläche des Beckens der Absis wurde anlässlich des Heiligen Jahres 1750 mit Goldstuck dekoriert, der von Luigi Vanvitelli entworfen wurde.

Der Altar der Heiligen Processo und Martiniano

Ihre Reliquien wurden von Pasquale I (817-824) aus den Katakomben der Heiligen Agathe auf der Via Aurelia in die antike Basilika überführt. Der Legende nach waren Processo und Martiniano die Gefängniswärter des Heiligen Petrus im Gefängnis von Mamertino. Sie Wurden vom Apostel bekehrt und getauft und sind dabei dargestellt, wie sie den Märtyrertod im Beisein ihrer Eltern erleiden im Moment, in dem ein Engel aus dem Himmel die Palme der Triumphes bringt. Das Orginal ist ein Werk von Jean de Boulogne, auch Valentin de

Boulogne (1591 – 1632) genannt, und wird heute in der vatikanischen Pinakothek aufbewahrt. Die Stucke in der flachen Halbkuppel der Altarabsis (1597 – 1599) zeigen Episoden aus dem Leben des Heiligen Paulus.

An den Seiten der Nische findet man zwei monolitische Säulen aus antikem gelbem Marmor. Wie ihre Ebenbilder in der gegenüberliegenden Vierung werden sie als einzigartige Exemplare für ihre Schönheit und perfekte Ausführung erachtet.

Sein Kult wurde im Jahre 1326 von Hincon, Bischof von Holmutz, in die antike Basilika eingeführt. Er war der Sohn des Fürsten Vratislav I und Drahomira. Der Heilige bestieg mit 18 Jahren im Jahre 922 als Nachfolger seines Vaters den Thron. Zwischen 929 und 935 wurde er von seinem Bruder ermordet und sein Leichnam wurde sehr bald verehrt. Im Jahre 938 wurde er in den von ihm gegründeten Dom Sankt Vitus in Prag überführt. Die orginal Leinwand ist ein Werk von Angelo Caroselli. Die Darstellung beschränkt sich auf das Wesentliche: der Heilige und König trägt Soldatengewänder, auf dem Haupt die Krone, in der linken Hand hält er das Banner mit einem schwarzen Adler. Ein Engel hält die Königskrone. Rechts unten ist in einem Bild im Bild die Episode seiner Ermordung dargestellt: der betende Venceslav wird von seinem Bruder erstochen. Das Stuckwerk zeigten Epidoden aus dem Leben des Heiligen Thomas.

Der Altar
des Sankt Venceslav von Böhmen

Der Altar des Sankt Erasmus

Er erlitt den Märtyrertod unter Dioklezian in Formia. Sein Kult erstand in den Bistümern von Bamberg und Regensburg und wurde in Sankt Peter im Jahre 1118 von Gelasio II, dem Autor seiner Biographie, eingeführt. Erasmus weißt als ikonographisches Attribut eine Ankerwinde auf und ist der Schutzpadron der Seeleute. Er gehört zu den 14 Hilfsheiligen, deren Beistand die Christen in unterschiedlichen Situationen anrufen. Das

Orginal Gemälde befindet sich heute in der vatikanischen Pinakothek und ist ein Werk von Nicolas Poussin (1594 – 1665). Es wurde für die Basilika Sankt Peter in den Jahren 1628 bis 1629 angefertigt und von Kardinal Francesco Barberini in Auftrag gegeben worden. Es stellt das grausame *Martyrium des Erasmus* dar, aber das dramatische Ereignis wird durch die vielen und leuchtenden Farben abgemildert. Das Stuckwerk in der flachen Halbkugel der Altarabsis (1597 – 1599) zeigten Episoden aus dem Leben von Sankt Jakob dem Älteren.

DER WANDELGANG VON MICHELANGELO
Zweiter rechter Abschnitt

Auf der Rückseite des Pfeilers der Heiligen Elena befindet sich der Altar des Bootes. Das Mosaikaltarbild ist eine barocke Interpretation des Bootes und zeigt die Szene des Unwetters auf dem See von Genezareth mit der Errettung des Petrus vor dem Ertrinken. Das Mosaik wurde im Jahre 1727 von Pietro Paolo Cristofari nach einer Kopie des Werkes von Lanfranco ausgeführt, die Niccolò Ricciolini 1718-1720 geschaffen hatte, und die sich heute in der Pinacoteca di Brera, in Mailand, befindet. Es ist das erste Altarbild in der vatikanischen Basilika, bei dem eine neue Glasurtechnik bei dem Mosaik angewendet wurde. Die zwei seitlichen Säulen sind als einzige in der Basilika keine Monoliten sondern haben einen Travertinkern, der mit Marmorstücken verkleidet ist. Sie haben ihre Vorgänger aus rotem Granit ersetzt, die sehr verwittert waren und unter Pius VII zur Renovierung der Stufen der fünf Eingangstore wiederverwendet wurden.

Der Altar des Bootes

DER MALER UND MOSAIKLEGER CRISTOFARI PIETRO PAOLO WURDE 1685 IN ROM GEBOREN UND VERSTARB DORT IM JAHRE 1743. Er war der Sohn des berühmten, 1689 verstorbenen Mosaiklegers Fabio. 1711 bewirbt er sich um die Aufnahme an der vatikanischen Mosaikschule. Nach einigen Lehrjahren wir er am 19. Juli 1727 von der Kongregation der Fabbrica Sankt Peter zum Leiter und Vorsteher aller in Sankt Peter arbeitenden Mosaikmaler ernannt. Dank dieser Beschlusses gelingt es ihm, eine kompakte Gruppe zu gründen, die in der Mosaikkunst spezialisiert ist. Mit der permanenten Einrichtung seiner Schule bei der vatikanischen Verwaltung schafft er den ersten Kern des Mosaikstudios im Vatikan.

Grabmal von Papst Klemenz XIII Rezzonico (1783-1792)

P 249

Das Grabmal ist ein Werk von Antonio Canova. Es wurde vom Prinzen Abbondio Rezzonico, einem Neffen des Papstes und einer der ersten Bewunderer Canovas in Auftrag gegeben. Es wurde 1783 begonnen und am 6. April 1792, am Abend des Gründonnerstages, während des Pontefikats von Pius VI Braschi eingeweiht. Nachdem er sich aus zahlreichen Verträgen mit der römischen Aristokratie befreit hatte, arbeitete Canova gleichzeitig an der Statuengruppe im Vatikan und in der Basilika der Heiligen zwölf Apostel am Denkmal des Klemenz XIV Ganganelli, dem Nachfolger von Papst Rezzonico. Mit der Reinheit seiner Oberflächen und der Einfachheit in der Linienführung hält mit diesem Werk der Neoklassizistische Stil seinen Einzug in die vatikanische Basilika. Der bildhauerische Komplex ist in Marmor aus Carrara ausgeführt worden. Ausnahme sind die Basen aus Muschelmarmor und die zwei Löwen.

Das Werk weist eine doppelte erzählerische Anordnung auf: in der Horizontalen mit der Gegenüberstellung von den Löwen unten und den Figuren der Barmherzigkeit und der *Hoffnung* an den Seiten des Basreliefs, auf der Vorderseite des Sarkophags. In der Diagonalen gehört der sitzende *Geist des Todes* zu der stehenden Figur

der *Religion*. Auf der Spitze der Komposition befindet sich das Portrait des knienden Papstes mit einem realistisch wirkenden Antlitz. Mit großer Genauigkeit führte er die Feinarbeiten an dem prächtigen Chormantel aus. Dieser Hinweis ist mehr als berechtigt, ist doch dieser Papst zusammen mit Sixtus IV, Julius II, Benedikt XIV und dem Kardinal Braschi, ein Neffe von Pius VI, auch in die Geschichte der Tuchkunst eingegangen wegen ihrer prächtigen Paramente. Der *Geist des Todes* auf der rechten Seite hält die Fackel nach unten und löscht die Lebensflamme. Somit wird mit der Serie der Skelette von Bernini zugunsten einer idealisierten Darstellung des ewigen Friedens gebrochen. Am 5. Dezember 1787 erarbeitete der Künstler das große Modell der Religion. Diese Figur ist der schwächste Teil des gesamten Werkes und wurde sofort wegen ihrer komplizierten Faltenwurfes, der sie fast zu ersticken scheint, kritisiert. Ihre Präsenz ist neu in der Serie der Grabmäler, wo bisher die Darstellung von Allegorien der Tugenden vorgeherrscht hatte.

In zwei hebräischen Schriftzügen ließt man auf der Stirn „Gott ist heilig" und auf dem Gürtel des Gewandes „Doktrine und Wahrheit". Die Löwen an der Basis sind an lebenden Exemplaren, die sich im Schloss von Caserta befanden, studiert worden. Der linke brüllende Löwe symbolisiert die immer wache Kraft und der rechte schlafende Löwe die Milde.

Antonio Canova,
Todesgeist, aus dem Grabmal von Papst Klemenz XIII. Rezzonico

DER BILDHAUER ANTONIO CANOVA WURDE 1757 IN POSSAGNO BEI TREVISO GEBOREN UND VERSTARB 1822 IN VENEDIG.
Der Hauptvertreter der neoklassischen Bewegung wurde in Venedig in der Werkstatt von Giuseppe Bernardi Torretti ausgebildet.
Sein frühes Schaffen zeigt deutlich die Beeinflussung durch den Stil Berninis. 1779 wurde er zum Mitglied der Akademie der Schönen Künste erwählt und unternahm seine erste Reise nach Rom. In diese Stadt siedelte er 1781 über, wo er Freundschaft mit Pompeo Batoni, Francesco Piranesi, Gavin Hamilton und Quatremère de Quincy schloss. Der venezianische Botschafter in Rom, Girolamo Zulian beauftragte ihn 1783 mit dem Werk Theseus auf dem Minotaurus.
Dieses aus antiken Modellen inspirierte Werk, eine Zusammenfassung seiner klassischen Erfahrung während des Romaufenthaltes, öffnete ihm die Türen zu großen Aufträgen: das Grabmal von Klemenz XIV. in der Basilica Ss. XII Apostoli 1783-1787; das Grabmal von Klemenz XIII. in Sankt Peter 1783-1792. Nach diesen ersten Werken erneuerte er die Struktur des monumentalen Grabes mit dem Denkmal an Maria Christina von Österreich, Wien 1798-1805. Von seinen Zeitgenossen wurde er wegen der Darstellung von mythologischen Themen bewundert. In der Ära Napoleons wurde er international bekannt und seine Karriere erreichte ihren Höhepunkt.
Nach dem Sturz Napoleons trat er als Kulturdiplomat für die Zurückerstattung von Kunstwerken ein, die nach dem Vertrag von Tolentino von Italien nach Frankreich gebracht worden waren. Canova war ein scheuer und bescheidener Mann, der allerdings den Geschmack seiner Zeitgenossen zu treffen wusste. Trotzdem war sein Abstieg rasch, als mit dem Aufkommen der Romantik, die neoklassische Kultur aus der Mode kam.

Die Kapelle der Heiligen Michael Erzengel und Petronilla

Am Ende dieser Seite befindet sich die Kapelle der Heiligen Micheal Erzengel und Petronilla, in der seit 1606 die Leichname der heiligen Jungfrau und des Märtyrers ruhen. Die gesamte Mosaikdekoration stützt sich auf das Thema der Engel. In der Kuppel findet man als einzigste Teile in Mosaik und Figuren aus Stuck, die sich abwechseln. Sie wurde von Lorenzo Ottoni 1725 ausgeführt und ist mit einer Engelsglorie verziert, die symbolische Elemente, Engel und Seraphen aufweist. In den Lünetten werden Episoden, die mit den Engeln und dem Leben der Heiligen Petronilla verknüpft sind, erzählt. Die Kapelle kann man als Zeugnis der Ergebenheit der französischen Könige und ihres Volkes für

die christliche Kirche und die Basilika im Besonderen betrachten. Sie ersetzt den Rundbau, der sich einst auf der linken Seite der antiken Peterskirche befand. Paul I (757 – 767) hatte hier den Leichnam der heiligen Petronilla nach ihrer Exhumation aus den Katakomben von Domitilla, auf der Via Ardeatina, unterbringen lassen. Im Jahre 781 ließ Karl der Große in dem Rundbau seinen Sohn Karlmann taufen. Jahrhundertelang wählten die französischen Könige, von den Karolingern bis zu den Valois sie als ihre Staatskirche, restaurierten und bereicherten sie mit Schenkungen bis zu dem von Papst Julius II angeordneten Abriss, um Platz für die neue Basilika zu schaffen. 1606 wurde die Relique der Heiligen Petronilla von Paul V in einen frühchristlichen Sarkophag umgebettet, der unter dem 1623 geweihten Altar aufgestellt wurde.

Das Mosaik stammt von einem Orginal, das Giudo Reni bis zum Jahre 1636 auf Seide für die Kirche Santa Maria della Concezione in der Via Veneto gemalt hatte. Vor diesem Bild war am 14. April 1606 auf dem Altar ein Gemälde von Caravaggio aufgestellt worden. Es zeigte die Heilige Anna mit der Madonna und dem Jesuskind und wurde nur zwei Tage später wegen ikonographischen Problemen wieder entfernt. 1627 wurde der Altar dem Heiligen Michael geweiht, der besonders vom damals herrschenden Papst Urban VIII verehrt wurde. Giuseppe Cesari, auch der Ritter von Arpino genannt, wurde beauftragt, einen Entwurf für ein Mosaikaltarbild, das dem Heiligen gewidmet war, zu entwerfen. Das Bild wurde von dem Mosaikkünstler Giovan Battista Calandra im Jahre 1629 fertiggestellt. Es war das erste Mosaikaltarbild in der neuen Peterskirche. 1756 wurde es mit dem heutigen Bild ersetzt.

Der Altar von Sankt Michael Erzengel

Der Altar der Heiligen Petronilla

In einer komplexen und orginellen Komposition wird unten von der Beisetzung und der Glorie der Heiligen, die in den Himmel auffährt, erzählt.

Das Thema kommt von einem großen, sich heute in der kapitolinischen Pinakothek befindlichen Gemälde. Dieses wurde 1623 für diesen Altar von Giovanni Francesco Barbieri, auch Guercino genannt, fertiggestellt. Petronilla war einer Legende des 6. Jahrhunderts nach, die Tochter von Sankt Peter. Um ihr Keuschheitsgelübde zu halten, wiedersetzte sie sich der Heirat mit dem Adligen Flacco und erreichte durch ihre Gebete, sanft vor den Augen ihres Verlobten zu sterben, der nicht verstand, was vorging. In dem Gemälde vereinigen sich barocke Elemente und Ideen Caravaggios und stellen einen entscheidenden Moment in der Karriere des Guercino dar.

Grabmal an Papst Klemens X Altieri (1682- post 1686)

Francesco Aprile e Filippo Carcani, *Schriftrolle haltende Putte*

Das von Mattia de' Rossi für die gesamte Struktur entworfene Grabmal zeigt orginelle Ideen wie die hübschen Papierrollen haltenden Putten oder die Gedenksteine an den Tod an den Ecken des Sarkophags. Letztere sind von Francesco Aprile als Totenköpfe dargestellt, die lange Perücken tragen. Der Legende nach soll die Figur, die den Mantel des Papstes hält, sein Neffe, der Kardinal Paluzzi sein. Die kniende Figur mit dem Tablett in den Händen neben dem Prinzen Gaspare Altieri, soll hingegen Mattia de' Rossi selbst sein. Hinter der Orgel weist ein einfacher Grabstein im Fußboden auf das Grab der Päpste Sixtus IV della Rovere, seinem Neffen Julius II und von zwei Kardinälen ihrer Familie hin. Der Leichnam von Papst Sixtus wurde nach seiner Entdeckung in der Chorkapelle im Jahre 1926 auf Geheiß von Pius XI Ratti hierhin verlegt. Auch wenn die Fläche dieser Zone genauso groß ist wie die der zwei Arme des Querschiffes wirkt sie weiter und majestätischer, da sie sich visuell in das Mittelschiff eingliedert und mit diesem die Verlängerung teilt. Unter der Statue des Heiligen Franziskus wird mit einem Gedenkstein an die feierliche Verkündigung

Giuseppe Mazzuoli, *Gnade*

des Dogmas der unbefleckten Empfängnis erinnert, die am 8. Dezember 1854 an diesem Altar stattfand. An diesem Ereignis nahmen zahlreiche Geistliche, Erzbischöfe und Bischöfe teil. 53 Kardinäle standen dem Papst zur Seite, ihre Namen sind auf der gegenüberliegenden Seite eingraviert.

DAS PRESBYTERIUM DES KATHEDERS

Zwei Stufen aus rotem Porphir führen in die heilige Zone des Presbyteriums. Auf dem Presbyterium befindet sich ein Bronzealtar des amerikanischen Künstlers mit sizilianischer Abstammung Albert Friscia. Dieser wurde 1975 auf Wunsch des Kardinals Mario Nasalli Rocca angefertigt und ersetzt den vorherigen Altar, der sich an der Wand befand. In der Absis, eingerahmt von monolitischen Marmorsäulen, sind zwei Grabmäler symmetrisch angeordnet.

Auf der rechten Seite befindet sich das Urban VIII Barberini geweihte Grabmal von Gian Lorenzo Bernini. Es war von Urban selbst um das Jahr 1627 herum in Auftrag gegeben worden und er hatte auch den geeigneten Ort gewählt. Fertiggestellt wurde es allerdings erst am 9. Februar 1647, drei Jahre nach seinem Tod. Das erste Werk bei dem der Künstler Farben durch den Gebrauch von unterschiedlichen Marmorsorten einführt, strahlt eine intense Lebhaftigkeit aus. Diese wird durch die weiche Schönheit der zwei weiblichen Allegorien verstärkt, die rechts die Justiz und die Barmherzigkeit darstellen, sowie durch die realistische Fleischlichkeit der Putten und die majestätische Bronzestatue des Papstes. Die Figur des Todes ist dem Zeitgeist gemäß als geflügeltes Skelett auf einer Urne sitzend dargestellt und weißt deutlich auf den Zweck des Werkes hin. Auf den Seiten des Buches, das er in der Hand hält, steht der Name von Urban VIII geschrieben und auf den darunterliegenden Blättern kann man die Inizialien der schon geschriebenen Namen lesen. Sie gehören zu den direkten Vorgängern von Papst Urban auf dem Papstthron: das G von Gregor XV Ludovisi und verblasst das P von Paul V Borghese.

Grabmal von Papst Urban VIII Barberini (1627-1647)

Das Grabmal von Papst Paul III. Farnese (1549-1577)

P 221

Das Grabmal des Papstes Paul III. Farnese von Bruder Guglielmo Della Porta war eigentlich für einen anderen Ort geplant worden. Es wurde als erstes der päpstlichen Gräber in der neuen Basilika errichtet. Der mailändische Bildhauer trug den Mönchstitel nur, weil der die päpstliche Bullen versiegelte. Er hatte den Auftrag von Kardinal Alessandro Farnese erhalten, dem Neffen des Papstes und Vorsitzenden des Kardinal Kollegs. Die Struktur des Denkmals stellt den Papst über alles thronend dar. Dieser ist in einer über 3 Meter hohen Bronzestatue aus dem Jahr 1551 dargestellt. Auf der rechten Seite findet man die Personifizierung der Umsicht. Sie hält einen Spiegel in der Hand. Eine ungewöhnliche Lösung mit sicherem Effekt ist, dass auf dem Spiegel der Reflex des Gesichtes eingehauen wurde. Jung und mit hübschem Gesicht findet man auf der gegenüberliegenden Seite die Justiz. Sie hält in der rechten Hand eine Flamme, das Symbol der Wahrheit. Man sagt, dass Guglielmo dieses Werk unter der Anleitung von Michelangelo ausgeführt hat. Abgesehen von dem geschichtlichen Beweis, erkennt man in dem Konzept der sitzenden Statue des verstorbenen mehr noch als in den sich darunter befindlichen auf Voluten liegenden Allegorien den Stil Michelangelos, der deutlich an die Gräber der Medici in der Neuen Sakristei zu San Lorenzo in Florenz erinnert. 1595 wurde auf Geheiß von Klemens VIII. hin die Statue mit einer Metallschicht überzogen und dann weiß angemalt.

PAVLO·III
FARNESIO·PONT
OPT·MAX

Am Ende der Absis findet man zwischen zwei Säulen aus afrikanischem Marmor,die aus der konstantinischen Basilika wiederverwendet worden waren, das Monument an den Stuhl des Heiligen Petrus. Es handelt sich dabei um eine große Bronzestruktur. Darin wird ein Eichenholzstuhl aufbewahrt. Dieser ist mit geschnitzten Plaketten aus Elfenbein dekoriert, die von den Herkulesarbeiten erzählen. Der antiken Legende nach predigte der Apostel Petrus auf diesem Stuhl sitzend. Der Archäologe Giovan Battista De Rossi jedoch untersuchte die Reliquie im Jahre 1867 als sie zum letzten Mal auf dem Altar der Gregorianischen Kapelle ausgestellt wurde. Er kam zu dem Schluss, dass nur das Gerüst aus Akazienholz auf die frühchristliche Zeit zurückgeht. Die Teile aus Eichenholz, die an das Gerüst mit Eisenstreifen befestigt sind sowie die Dekorationen aus Elfenbein stammen aus einer Rekonstruktion aus der karolingischen Epoche. Am 6. Februar 1656 beschloss die Kongregation der Reverenda Fabbrica auf Wunsch von Alexander VII Chigi die Umverlegung des Stuhles aus der Taufkapelle in die Absis. Am 3. März 1657 wurde der Entwurf von Gian Lorenzo Bernini für einen neuen Altar bewilligt. Die Ausführung begann mit der Vorstellung des Projektes am 3. März 1657 und wurde nach verschiedenen Änderungen am 16. Januar 1666 beendet. Die Phase der Ausführung der Arbeiten war sehr komplex, 35 Arbeiter Berninis waren daran beteiligt. Bernini inspirierte sich an dem barocken Strukturen. Er entwarf eine Architektur in Bewegung, die die Struktur des Gebäudes nicht überdeckt sondern eine festliche Dekoration darstellt. Der antike Stuhl ist im Inneren eines zweiten großen Pultes aus vergoldeter Bronze eingeschlossen. Dieses ist 7 Meter hoch und im unteren Teil mit einem Blumenmuster von Giovanni Paolo Schor verziert und auf der Lehne und an den beiden Seiten ein von

Denkmal des Stuhls Petris
(1657-1666)

Gian Lorenzo Bernini,
Sankt Atanasius und Sankt Ambrosius

Bernini entworfenes Basrelief. Dargestellt sind die Szenen des Pasce oves meas, auf der Lehne, Waschung der Füsse, rechts, und die Übergabe der Schlüssel an Sankt Petrus. Diese drei Episoden sind bedeutend für die Vormachtstellung des Petrus. Der Thron ist von Bronzestatuen umringt, die die griechischen und lateinischen Kirchenlehrer darstellen. Die vier enormen, 5.35 Meter hohen Figuren haben vergoldete Gewänder, die Gesichter und Hände sind bronzefarben. Sie stehen auf einem Podest aus schwarz weißem französischen Marmor und sizilianischem Jaspis. Man findet hier zwei bronzene Wappen der Chigi von Papst Alexander VII, dem Förderer dieses Werkes. Auf der Vorderseite findet man links den Heiligen Ambrosius und rechts den Heiligen Augustin für die römische Kirche. Dahinter links den Heiligen Atanasius und rechts den Heiligen Johannes Crisostomos für die griechische Kirche. Der Katheder ist aus Bronze und trotz seiner enormen Ausmaße erscheint er arabesk und mit Gold ziseliert. An den Seiten befinden sich zwei stehende Engel und darüber zwei Putten, die die Insignien der päpstlichen Autorität zeigen: die Tiara und die Schlüssel. Im Jahre 1655 machte sich Bernini die Lichtquelle des zentralen Fensters für die Schaffung eines Epizentrums zunutze. In einer wirbelden Glorie fliegen Engel und Putten zwischen Wolken und blitzenden Strahlen um das Fenster mit der Taube des Heiligen Geistes. Das Monument mit typischen barocken Verzierungen drückt ein anspruchsvolles theologisches Konzept aus: die West-und Oströmische Kirche sind in ihrem Glauben an die katholische Kirche vereint und erweisen dem römischen Katheder Ehre.

Gian Lorenzo Bernini,
Sankt Crisostomos und Sankt Augustin

DER WANDELGANG VON MICHELANGELO
Erster Abschnitt links

Die Kapelle der Madonna der Kolonne

Ihren Namen erhält die Kapelle von dem verehrten Bild aus dem 15. Jahrhundert der Jungfrau, das auf dem Stumpf einer Säule der Heiligen Tür in dem Mittelschiff der konstantinischen Basilika stammt. Mit der architektonischen Struktur wurde unter Vignola begonne, der zu jener Zeit das Amt des Architekten von Sankt Peter innehatte (1567-1573). Die Kapelle wurde unter der Leitung von Giacomo Della Porta (1574-1602) erbaut.

Die Kuppel wurde als letzte der vier Eckkapellen dekoriert. Sie ist in acht Abschnitte unterteilt und mit Mosaiken verkleidet. Diese stellen Allegorien und Symbole der Heiligen Jungfrau aus der Heiligen Schrift, der Liturgie und der laurentanischen Litanei dar, sind in vertikale und runde Bilder eingefügt und wechseln sich mit Engeln und Blumenghirlanden ab. Zirka 100 Jahre vor der Dekorierung der Kupel, hatte Urban VIII die Mosaikverkleidungen der Lünetten und der Zwickel veranlasst. Das ikonographische Programm sah die Darstellung von Personen und Episoden aus dem Leben der Maria in den Lünetten vor. In den Zwickeln hingegen findet man die griechischen und lateinischen Kirchenväter, die über die Mutter Christi Schriften verfasst haben.

Die Kuppel

Der Altar des Heiligen Leo Magnus

Er ist zwischen zwei Säulen aus schwarzem orientalischem Granit eingefügt. Hier findet man die Leichname des Heiligen Papstes, dem ersten der im Inneren der alten Peterskirche begraben wurde und von Klemenz XI Albani am 11. April 1715 an diesen Altar überführt wurde.
Auf dem Sarg findet man die Inschrift:
CORPVS S. LEONIS PONT. ET CONFES./ COGNOMENTO MAGNI ET ECCLESIAE DOCTORIS
LAMINEA PLUMBEA RESTO/ MARMO
(Ich, der Körper des Heiligen Leo, Papst und Beichtvater, Magnus genannt und Kirchenlehrer, bin in dem Marmor aufbewahrt und mit einer Bleiplatte bedeckt). Auf dem Altar, den man als echtes Grabmal betrachten kann, befindet sich das einzigste Altarbild aus Marmor in der gesamten Basilika. Am 27. Januar 1646 betraute die Kongregation der Reverenda Fabbrica auf Geheiß von Innozenz X Pam-

Alessandro Algardi, *die Verwunderung Attilas*
Marmortafel

philj den Künstler Alessandro Algardi aus Bologna mit der Ausführung. Eine Auflage war die Fertigstellung des Marmorreliefs bis zum Heiligen Jahr 1650. Beim Ablauf des Termins war das Relief noch nicht in Marmor gehauen und wahrscheinlich stellte man das Stuckmodell auf dem Altar auf. Algardi verwirklichte die Arbeit auf fünf Marmorblö-cken und unterteilte die Erzählung in zwei Abschnitte: In dem unteren Bereich wird dargestellt, wie der Papst Attila aufhält. In der oberen Zone wird der übernatürliche Aspekt dieses Ereignisses dargestellt mit der Präsenz der Heiligen Peter und Paul. Mit diesem Werk, dass 1645 begonnen und ein Jahr vor dem Tod des Künstlers 1653 eingeweiht wurde, hatte Algardi eine neue Typologie erdacht, die besonders in Rom im siebzehnten und achtzehnten Jahrhundert großen Erfolg haben sollte.

Das Bild ist in einem von Giacomo Della Porta 1581 entworfenen Marmorrahmen eingeschlossen. Es wurde 1607 von Paul V auf diesen Altar überführt und 1645 von dem vatikanischen Kapitel gekrönt. Am 21. November 1964, am Ende des dritten Abschnittes des Zweiten Vatikanischen Konzils verkündete Papst Paul VI feierlich, dass Maria als Mater Ecclesiae, Mutter Christi und seines mystischen Körpers, der Kirche, zu betrachten sei. Unter dem Altar ruhen in einem christlichen Sarkophag aus dem IV Jahrhundert mit den Figuren von Christus und den Aposteln, die Leichname der Heiligen Päpste Leo II, III und IV. Sie wurden von Papst Pasquale II (1099-1118) gesammelt und waren einst mit dem des Leo Magnus in dem Oratorium der antiken Basilika vereint.

Der Altar der Madonna der Kolonne

Grabmal des Papstes Alexander VII Chigi
(1671-1678)

Geht man den Wandelgang von Michelangelo entlang, findet man über einem Seitenausgang, der in die Vatikanstadt führt, das Monument an Papst Alexander VII Chigi von Gian Lorenzo Bernini. Es wurde vom Papst selbst während der ersten Jahre seiner Herrschaft in Auftrag gegeben. Zum Zeitpunkt seines Todes am 22. Mai 1667 hatte man mit den Arbeiten noch nicht begonnen. Als man den geeigneten Ort für das Werk gefunden hatte, musste man um Platz zu schaffen ein Fresko von Giovan Francesco Romanelli abreißen und eine schon existierende Tür versetzten. Bernini löste dieses Problem indem er die Tür in einen symbolischen Eingang zur Ewigkeit verwandelte, Dank des szenographischen Elementes der üppigen Drappierung, die von einem Skelett mit einer Sanduhr in der Hand angehoben wird. Gian

ALEXANDER·VII
CHISIVS
PONT·MAX

Lorenzo Bernini nahm an keiner Arbeitsphase teil. Er arbeite die Entwürfe aus und überwachte die Ausführung der Bildhauer, die seine Zeichnungen auf den Marmor übertragen mussten. Wahrscheinlich griff er nur ein, um dem Antlitz des Papstes den letzten Schliff zu verleihen.

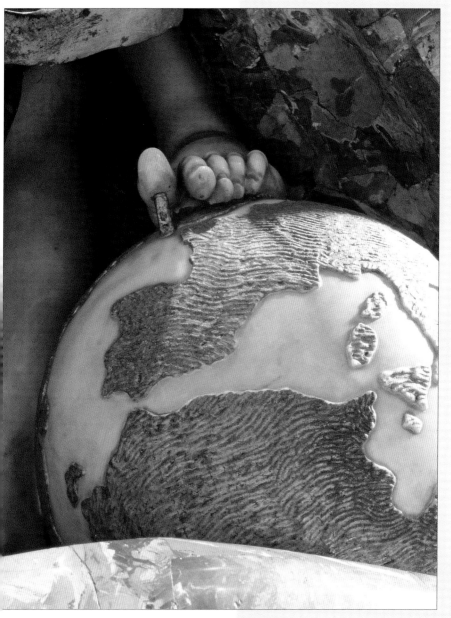

KREUZUNG MIT DEM LINKEN QUERSCHIFF

Dies war der erste Teil, der von Michelangelo in der Basilika fertiggestellt wurde. Die Innenverkleidung der Absis in diesem Querschiff wurde 1558 unter Leitung des Künstlers aus Florenz ausgeführt. Auch wenn zwischen 1605 und 1610 Änderungen in der Attika vorgenommen wurden, diente sie in den darauffolgenden Jahren als Modell für die architektonischen Dekoration des gesamten Gebäudes. Das Gewölbe ist wie im rechten Querschiff des Presbyteriums des Katheders mit Goldstuck verziert, der von Luigi Vanvitelli entworfen wurde und von Giovanni Battista Maini für das Jubiläum im Jahre 1750 ausgeführt wurde. In Symmetrie mit der Wand des rechten Querschiffes ist die Absis in drei Altare unterteilt, die in große Nischen eingelassen sind.

An den Seiten befinden sich zwei monolitische Kolonnen aus antikem gelbem Marmor, ähnlich denen auf der gegenüberliegenden Seite. Das Stuckwerk in der Halbkuppel der Absis erzählt Episoden aus dem Leben des Heiligen Petrus (1597-1599). Das am 19. März 1963 von Papst Johannes XXIII gesegnete Mosaik ist eine Reproduktion eines Temperagemäldes von Achille Funi. Es zeigt den stehenden Heiligen Joseph bei einem Stuhl in byzantinischem Stil, mit dem Jesuskind auf dem Arm und einer blühenden Lilie in der linken Hand. Ein Engel, der vom Himmel herabkommt, hält eine Schriftrolle, auf der die Mission zu lesen ist, mit der Gott Joseph betraut: TV ERIS SUPER DOMVM MEAM (Du wirst über meinem Haus sein). Ein anderer kniender Engel bietet ihm das Schiff der Kirche an während ein Jüngling einen Olivenzweig zeigt. Am 27. Dezember 1605 ließ Paul V unter diesen Altar die Reliquien der Heiligen Simon und Judas Taddeus überführen.

Der Altar des Heiligen Joseph

Der Altar des Heiligen Thomas

Paul V ließ hier am 20. Oktober 1605 die Reliquie des Heiligen Bonifazius IV (608-615) überführen. Dieser Papst hatte das Pantheon dem Christentum geweiht. Der Sarkophag im Altar aus weißem Marmor und Intarsien trägt die Inschrift: CORPVS BONIFACII SANCTI PAPAE IV (Körper des Papstes Sankt Bonifazius IV). Das Stuckwerk in der Halbkuppel der Altarabsis erzählen Episoden aus dem Leben des Evangelisten Johannes (1597-1599). Das Mosaikaltarbild wurde nach einem Orginal von Vincenzo Camuccini angefertigt und ersetzte das vorherige Werk von Domenico Passignano.

Der Altar der Kreuzigung des Heiligen Petrus

Das Stuckwerk in der Halbkuppel der Altarabsis erzählen Episoden aus dem Leben des Heiligen Andreas (1597-1599). Das Mosaik stammt von einem Gemälde, das Guido Reni in den Jahren 1604-1605 für die Kirche San Paolo alle Tre Fontane gemalt hatte und das heute in der vatikanischen Pinakothek aufbewahrt wird. Unter diesem Altar befindet sich seit 1606 der Körper des Heiligen Leo IX (1049-1054). Sein weißer Marmorsarg ist durch ein in der Mitte des Antependium eingelassenes Gitter zu sehen.

DER WANDELGANG VON MICHELANGELO
Zweiter linker Abschnitt

Der Altar bekommt seinen Namen von dem Mosaikaltarbild. Dieses wurde nach dem Orginalgemälde von Cristoforo Roncalli, auch Pomarancio genannt, ausgeführt. Der Name des Altars kommt von der Darstellung einer Szene aus der Apostelgeschichte (5, 1-11): „ Ein Mann names Hananias aber und seine Frau Saphira verkauften zusammen ein Grundstück und mit Einverständnis seiner Frau behielt er etwas von dem Erlös für sich. Er brachte nur einen Teil und legte ihn den Aposteln zu Füßen. Da sagte Petrus: Hananias, warum hat der Satan dein Herz erfüllt, dass du den Heiligen Geist belügst und von dem Erlös des Grundstückes etwas für dich behälst? Hätte es nicht dein Eigentum bleiben können und konntest du nicht auch nach dem Verkauf frei über den Erlös verfügen? Warum hast du in deinem Herzen beschlossen, so etwas zu tun? Du hast nicht Menschen belogen, sondern Gott. Als Hananias diese Worte hörte, stürzte er zu Boden und starb. Und über alle, die es hörten, kam große Furcht. Die jungen Männer standen auf, hüllten ihn ein, trugen ihn hinaus und begruben ihn. Nach etwa drei Stunden kam seine Frau herein, ohne zu wissen, was geschehen war. Petrus fragte sie: Sag mir, habt ihr das Grundstück für so viel verkauft? Sie antwortete: Ja, für so viel. Da sagte Petrus zu ihr. Warum seid ihr übereingekommen, den Geist des Herrn auf die Probe zu stellen? Siehe, die Füße derer, die deinen Mann begraben haben, stehen vor der Tür; auch dich wird man hinaustragen. Im selben Augenblick brahc sie vor seinen Füßen zusammen und starb."

Der Altar der Lüge

SAKRISTEI

Pietro Tenerani, Denkmal an Papst Pius VIII
Castiglioni (1833-1866)

In dieser Zone auf der rechten Seite, hinter der in dem Fundament des Denkmals an Papst Pius VIII Castiglioni eingelassenen Tür, tritt man in die Sakristei des Vatikans ein. Dieses komplexe autonome Monument ist durch zwei Korridore mit der Basilika verbunden, wobei nur einer davon dem Publikum zugänglich ist. Die Sakristei befindet sich in einem Bereich, wo zur Zeit des Caracalla ein kaiserliches Mausoleum errichtet worden war und bis zum Ende des 5. Jahrhunderts fortbestand, als Papst Simmaco es dem Apostel Andreas weihte. Seiner runden Form nach wurde es „Rotonda" genannt und wegen seiner festen Mauer und der einfachen Überwachung seiner Eingänge wurde es sehr bald zum geeigneten Ort für die Aufbewahrung der heiligen Reliquien im Inneren der Basilika, angefangen bei den Leichnamen der christlichen Märtyrer Processo und Martiniano. Mitte des 13. Jahrhunderts ließ Pius II Piccolomini, der die Relique des Hauptes des Heiligen Andreas als Geschenk bekommen hatte, einen neuen Altar im Inneren der Basilika errichten, der dem Heiligen geweiht war. Die „Rotonda" wurde in „Santa Maria della Febbre" nach einem spätgotischen Gemälde umgenannt. Dieses sehr verehrte Gemälde wird heute im Schatzmuseum aufbewahrt und zeigt die Madonna mit dem Jesuskind. Erst im Jahr 1575 wurde das Gebäude auf Entscheidung von Papst Gregor XIII Boncompagni zur Sakristei. Er wollte das Gebäude mit dem Inneren der Peterskirche durch einen Korridor verbinden, der der heutigen Verbindung entspricht, die in der Chorkapelle mündet. Der Bau der neuen Peterskirche war schnell und organisiert während die Planung, die zum Bau der heutigen Sakristei führte, langsam und schwierig war. Das Projekt wurde erfolgreich erst unter Papst VI Braschi am Ende des 18. Jahrhundert abgeschlossen. In der Vergangenheit hatte man viele unvollständige Versuche unternommen, angefangen bei Paul V (1605-1621) mit Carlo Maderno. Dem Papst, der der Geschichte die größte Kirche der Christenheit in der Struktur fertiggestellt hinterließ, war es nicht gelungen, die vielen Schwierigkeiten zum Bau der neuen Sakristei zu lösen. Auch nach ihm war man von einer konkreten Lösung noch weit entfernt.

Kuppel von Michelangelo, Nahaufnahme des Kreuzes auf der *Kuppel der Sakristei*

Über neue Entwürfe wurden zwischen Alexander VII (1655-1667) und Gian Lorenzo Bernini, Innozenz XII (1691-1700) und Carlo Fontana, Klemenz XI (1700-1721) und Filippo Iuvarra sowie zwischen Klemens XII (1730-1740) und Alexander Galilei diskutiert. 1775, ein Jahr nach seiner Wahl, entschloss sich Pius VI dieses Vorhaben zu Ende zu bringen und gab seine Entscheidung bekannt. Im Jahre 1776 legte er feierlich den Grundstein. Im Juni 1784 wurde das fertiggestellte Gebäude eingeweiht. Es erstreckt sich über eine Fläche von 3000 qm und ist kostbar und funktionell in seiner Ausarbeitung. Das Monument hat 34 Marmorsäulen mit verschiedenen Durchmessern in seinem Inneren und 27 Säulen aus Travertin auf seinen Außenseiten. Der Eingang von der Basilika aus ist nicht der Haupteingang sondern nur für den Durchgang der Besucher gedacht. Außerdem wäre es undenkbar gewesen, einen anderen Eingang von der Basilika aus in Betracht zu ziehen und die Außen-

mauer der Konstruktion von Michelangelo zu verändern. Die ersten zwei Räume, durch die man kommt, sind in das Innere der Außenmauern eingelassen (sichtbar von dem ersten Fenster rechts). Diesen großen Schacht verlässt man erst nach einer leichten Kurve, die in den westlichen Korridor mündet. Dieser ist einer der zwei Verbindungen, parallel zu dem auf der linken Seite. Beide Korridore haben die gleiche Breite (3.57 m), sind von Rundbögen gestützt und unterscheiden sich nur in der Länge (22,70 m). Der andere Korridor auf der Ostseite ist sieben Meter länger und führt von der Basilika in die Chorkapelle. Heute wie auch in der Vergangenheit ist er für den Durchgang der Geistlichen während der Zelebrationen oder bei besonderen Gelegenheiten vorbehalten. Auf der rechten Seite findet man einen 3,16 m hohen und 2,02 m breiten Grabstein aus Carrara-Marmor. In großen Lettern sind hier die Namen von 147 in der Basilika beigesetzten Päpste eingraviert (Svmmi pontifices in hac basilica sepvlti). Zu lesen sind nur der Name und das Jahr ihres Todes. Die einzigste Ausnahme ist die doppelte Jahreszahl neben dem Namen des Heiligen Peter: 64 vel 67. Dies bedeutet, dass Petrus an einem Tag zwischen dem Jahr 64 und 67 auf dem Vatikanischen Hügel den Märtyrertod starb. Einer Legende aus dem 6. Jahrhundert nach waren die ersten Päpste alle rund um das Grab des Petrus beigesetzt worden, mit Ausnahme von Klemenz. Er war der dritte Nachfolger und verstarb am Schwarzen Meer, wo er im Exil lebte. Das Liber Pontificalis (eine umfassende Sammlung von Papstbiographien von Sankt Peter bis zum Jahre 1460) gebraucht immer folgende Formulierung, wenn die Rede von den ersten Nachfolgern ist: sepvltus est ivxta corpvs beati Petri. Nach Papst Zefirino (199-217), der auf dem

Friedhof des Heiligen Kalixus beigesetzt wurde, verehrte man die Päpste in den Vorstadt Friedhöfen bis zu Papst Leo Magnus (461). Von da an befanden sich die Gräber im Atrium der konstantinischen Basilika. Später wurden sie aus Platznot im Inneren des linken kleineren Kirchenschiffs untergebracht, wo sie bis zum Abriss des Gebäudes blieben. Von der langen Liste sind nur etwa 50 Päpste in der Basilika und in der Gruft begraben. An der Seite findet man die Statue des Apostels Andreas, dem Bruder des Heiligen Petrus. Die Statue ist ein Werk aus dem 15. Jahrhundert. Sie steht auf einem Sockel aus verschiedenen Marmorsorten und befand sich schon in der konstantinischen Basilika. Der Korridor wird von vier Fenstern, die auf die Vatikanstadt zeigen, beleuchtet. Er führt in verschiedene Räume und kennzeichnet sich durch sein edles und ausgeglichenes Dekor. Nach der soeben durchschrittenen Tür, weiter vorne zwischen den Fenstern der Sakristei, befindet sich der Eingang zur Prunktreppe. Hier findet man 12 zwölf Säulen aus antikem grauem Marmor. Sieben davon stammen aus der Kirche des Heiligen Stefan von Ungarn, die bei den Bauarbeiten der neuen Sakristei aus abgerissen wurde, um mehr Platz zu schaffen.

Guglielmo Della Porta,
Gedenkstein an Papst Paul IV. Carafa

Antonio del Pollaiolo,
Denkmal aus Bronze an Papst Sixtus IV. della Rovere,
Schatzmuseum der vatikanischen Basilika

Hier beginnen die monumentalen Inschriften, die sich zuvor in dem Rund der Santa Maria della Febbre befanden. Unter ihnen findet man den Gedenkstein an Papst Paul IV Carafa (1555-1559) mit einer Bronzebüste des Papstes aus dem Jahr 1560. Dieses Werk von Guglielmo della Porta ist ein sehr seltenes Portrait des Papstes aus diesem Material. Der Legende nach war die Inschrift in einem Dachziegel der konstantinischen Basilika eingraviert. Ein wenig weiter rechts findet man das Grabmal des Kardinals Francesco Barberini (1596-1679), ein Neffe des Papstes Urban VIII, Letterat, Schöngeist, Förderer der Künstler und

Querkorridor am Eingang in die Sakristei

Agostino Penna,
Pius VI., Prunktreppe
P 251

Erzpriester der vatikanischen Basilika von 1633 bis 1679. Am Ende des Korridors befindet sich das Schatzmuseum von Sankt Peter, ein Ort wo man eine bedeutende und raffinierte Werke der berühmtesten römischen Goldschmiede bewundern kann. Darüberhinaus findet man archäologische Funde und bedeutende Werke aus der konstantinischen Basilika. Hier ist das Fresko mit der Vergine della Febbre ausgestellt, nach dem der Rundbau der alten Sakristei benannt war. Der westliche Korridor ist mit dem gegenüberliegenden (nicht dem Publikum zugänglichen, weil exklusiv dem Durchgang der Geistlichen in die Chorkapelle vorbehalten) durch einen Querarm verbunden. Dieser dient als Vestibül der Sakristei und ist mit einer Tür aus Nussholz abgetrennt. Auf der linken Seite, auf der Hauptetage der Prunktreppe, befindet sich die monumentale Statue von Pius VI Braschi, dem Papst, der den Bau dieses Gebäudes veranlasste. Es wurde zwischen 1784 und 1786 von Agostino Penna in Carrara-Marmor ausgeführt. Gegenüber liegt die Sakristei, ein großer achteckiger Raum, der in seinen Ausmaßen und Form dem Rund der Santa Maria della Febbre gleicht und den Mittelpunkt des Gebäudes darstellt. Es ist durch lebhafte Vielfarbigkeit des antiken Marmor auf dem Fussboden gekennzeichnet, das ein strahlenförmiges Muster aufweist. Der Marmor stammt aus dem Fussboden der vatikanischen Basilika und wurde hier nach der Restaurierung des Mittelschiffes wiederverwendet. Das Innere ist reich an dekorativen Elementen, die sich auf das Wappen von Pius VI berufen (Sterne, Lilie und Zephir). Eine kunstfertige Dekoration ist das Gewölbe, das eine Fläche von fast 900 Quadratmetern bedeckt. Hier findet man falsches Stuckwerk und bunte Gemälde von Vincenzo Angeloni, die die Illusion einer Kassettendecke erwecken und von Rippen und Ghirlanden unterbrochen werden. Die Säulen weisen ionische Kapitelle auf. Diese wurden nach über einem Jahrhundert Lagerung von dem von Gian Lorenzo Bernini für den Bau des Glockenturms auf der linken Seite der Fassade verwendeten Material wiederverwertet. Der Glockenturm wurde im Dezember 1646 auf Kosten des römischen Architekten abgerissen wegen der Beschädigung der darunterliegenden Strukturen. An den Seiten des Eingangs befinden sich zwei muschelförmige

Weihwasserbecken mit Delphinen, dem Symbol für reines Wasser, und einem Zephir, eine Anspielung auf das Wappen von Pius VI. Auf der Hinterwand findet man in einer kleinen Kapelle ein Altarbild in Mosaiktechnik. Es ist die Kopie der Grablegung von Caravaggio, das Orginal wird in der vatikanischen Pinakothek aufbewahrt. Im Erdgeschoss des kanonischen Palastes sind heute die Büros der Fabbrica von Sankt Peter untergebracht.

Sakristei

Die klementinische Kapelle

Diese Kapelle schließt den Gang durch den Wandelgang von Michelangelo ab. Sie ist nach Klemenz VIII Aldobrandini benannt, der ihren Bau veranlasste. Wegen ihrer grandiosen und reichen Dekoration wird sie mit der gegenüberliegenden gregoriansichen Kapelle verglichen. Den ursprünglichen Entwurf verdankt man Michelangelo. Die Arbeiten an der architektonischen Struktur begannen allerdings erst 1578, vierzehn Jahre nach seinem Tod und wurden von Giacomo Della Porta im Jahre 1580 beendet. Wenngleich die Kapelle zum Jubiläum im Jahre 1600 noch unvollendet war, begeisterte sie doch die Pilgerer, die nach Sankt Peter kamen.

Der Altar des Sankt Gregor Magnus wurde im Jahre 1628 geweiht. In einem Sarkophag aus weißem Marmor wird seit dem 8. Januar 1606 der Leichnam des Heiligen Papstes aufbewahrt, dessen Bildnis auf einem der Zwickel in der Gregorianischen Kapelle zu sehen ist. Sankt Gregor bezeichnete als erster den Papst als servus servorum Dei (Diener der Gottesdiener). Mit dieser Erneuerung des Gelübdes der Demut empfing der neue Papst in einem Ritus bis Paul VI vor seiner Weihung und Krönung vor diesem Altar das Gelübde des Gehorsams von Seiten der Kardinalskollegs. Hier wurde er dann mit den päpstlichen Parmenten gekleidet. Das Mosaik stellt das Wunder des Heiligen Gregor dar. Es wurde zwischen 1770 und 1772 nach einem Orginal von Andrea Sacchi aus den Jahren 1625 bis 1627 ausgeführt. Das Ereignis wird in der ersten von Giovanni Diacono geschriebenen Biographie des Gregor Magnus aus dem 9. Jahrhundert erzählt. In Wirklichkeit aber schreibt er Papst Gregor eine Episode zu, die sich aus den Heiligen Leo Magnus bezieht. Einigen Prinzen, die um kostbare Reliquien baten, hatte Gregor ein „brandum" gegeben. Dies ist ein Stück Tuch, das neben den Reliquien der Martyrer gelegen hatte. Als die Prinzen diese wenig wertvolle Reliquie erhielten, sendeten sie sie entrüstet zurück. Daraufhin betete der Heilige Gregor und dann ließ er sich ein Messer bringen und durchstach das Tuch. Aus dem Schnitt floss Blut und so wurde auf wundersame Art bewiesen, wie kostbar diese Reliquien waren.

Der Altar des Sankt Gregor Magnus

Pius Das Grabmal von Papst VII Chiaramonti P 252 (1823-1831)

Die Entscheidung, Berthel Thorvaldsen, einen ausländischen Künstler mit einem so bedeutenden Werk zu beauftragen führte zu Verstimmungen, besonders weil er Protestant war. Die Vorbereitungszeit war sehr lang, von 1824 bis 1830. Die Einweihung fand am 2. April 1831 statt. Kurz vor seiner Rückreise in die Heimat im Jahre 1838 kommentierte Thorvaldsen vor dem jungen Bildhauer Adolf Jerikau seine Erfahrungen im Vatikan: „Nicht, dass es mir mislungen wäre. Es ist zu klein in diesem Koloss (Sankt Peter). Zu jener Zeit war ich zu dänisch."

DER DÄNISCHE BILDHAUER BERTEL THORVALDSEN WURDE 1770 IN KOPENHAGEN GEBOREN UND VERSTARB DORT IM JAHRE 1844. *Der Sohn eines Holzschnitzers erhielt seine erste Ausbildung an der königlischen Akademie in Kopenhagen und folgte der Lehre des Malers Abildgaard. Nach mehreren Reisen nach Malta, Palermo und Neapel kam er 1797 nach Rom und blieb dort bis zum Jahre 1837. Er wurde von den reichen Sammlern hochgeschätzt und seine Karriere ist voll von Erfolgen und Auszeichnungen. Er ist ein typischer Vertreter des Neoklassizismus, einen Stil, den er treu verfolgte und ist unter anderem auch der einzigste protestantische Künstler, der ein Zeugnis im Inneren der vatikanischen Basilika hinterlassen hat. Seine Lehre beeinflusste sehr stark den römischen Purismus und die deutschen Nazarener.*

122

Am Ende des linken Kirchenschiffes, wo die Zone des Wandelgangs von Michelangelo unterbrochen ist, befindet sich der Altar der Transfiguration auf der Rückseite des Pfeilers des Heiligen Andreas. Der Name stammt von einem Altarbild mit der Verklärung Christi auf dem Berg Tabor. Dieses wurde nach einem Gemälde von Raffaello Sanzio von 1757 bis 1767 in Mosaiktechnik ausgeführt. Das Orginal dieses Werkes wie auch das Altarbild in im rechten Seitenschiff wurde für die vatikanische Basilika gemalt. Kardinal Giulio de' Medici beauftragte Raffaello 1517 damit für die Kathedrale von Narbonne, wo er Bischof war. Der Legende nach, die von neueren Forschungen widerlegt worden ist, soll seine Entstehung an eine Art Wettbewerb verknüpft sein. Der Kardinal soll gleichzeitig für die gleiche Kathedrale die Auferstehung des Lazzarus bei Sebastiano del Piombo in Auftrag gegeben haben. Als Raffaello am 6. April 1520 verstarb war das Werk vollendet. Anstatt es nach Frankreich zu schicken, behielt es der Kardinal Giulio de' Medici aber in Rom und stellte es zuerst im Palazzo della Cancelleria aus. 1523 ließ er es in die Kirche San Pietro in Montorio bringen. Mit dem Vertrag von Tolentino wurde das Bild 1797 nach Paris transportiert. Es kam 1815 nach Italien zurück und wurde in die vatikanischen Sammlung eingefügt. Es ist wie ein mittelalterliches Werk aufgebaut und erzählt zwei Episoden aus dem Markus und Matthäusevangelium: Die Verklärung Christi auf dem Berg Tabor (Markus 9, 2-8; Matthäus 17, 1-8) und die Heilung des vom Dämon besessenen Knaben (Markus 9,14-29 und Matthäus 17, 14-18). Oben sieht man Christus, der sich im Licht zwischen Moses und Elias befreit, in Anwesenheit von Petrus, Jakob und Johannes. Auf der linken Seite knien die Märtyrer Felix und Agapito, deren am 6. August gedacht wird, am selben Tag des Gedenkens an die

Transfiguration. Unten sieht man die Episode des besessenen Knaben. Im Matthäusevangelium steht geschrieben: und als sie zu dem Volk kamen, trat ein Mensch zu ihm, fiel ihm zu Füßen und sprach: Herr, erbarme dich über meinen Sohn! Denn er ist mondsüchtig und hat schwer zu leiden, er fällt oft ins Feuer und oft ins Wasser; und ich habe ihn zu deinen Jüngern gebracht und sie konnten ihm nicht helfen. Jesus aber antwortete und sprach: Oh du ungläubiges und verkehrtes Geschlecht, wie lange soll ich bei euch sein? Wie lange soll ich euch erdulden? Bringt ihn mir her! Und Jesus bedrohte ihn und der böse Geist fuhr aus von ihm, und der Knabe wurde gesund zu derselben Stunde

Das Werk von Raffaello wird als sein künstlerisches Testament betrachtet und hatte einen außergewöhnlichen Erfolg. Nach dem Tod des Künstlers wurde das Gemälde am Kopfende seines Bettes angebracht und wie Vasari schrieb, zerriss es die Seele derjenigen, die es betrachteten. Das Mosaikaltarbild wurde 1768 fertiggestellt.

LINKES
SEITENSCHIFF

Das rechte Monument in dem Durchgang zum linken Kirchenschiff wurde am 21. Juli 1634 von Kardinal Roberto Ubaldini, dem Neffen des Papstes, an Alexander Algardi in Auftrag gegeben. Das Werk wurde am 26. Dezember 1644 beendet aber erst am 23. Juni 1652 dem Publikum enthüllt. Das schlichte und harmonische

Das Grabmal
von **Papst Leo XI Medici**   P 233
(1634-1644)

Bildhauerwerk wurde ausschließlich aus weißem Marmor ausgeführt. Wenngleich sich Algardi der Vielfarbigkeit in der Auswahl der Marmorsorten und der Figuren Berninis widersetzte, so übernahm er doch die Anordung des Monuments an Urban VIII, das zu diesem Zeitpunkt noch unvollendet war. An der Spitze steht der Papst, eine autographische Skulptur des Künstlers. Die weiblichen Figuren stammen von seinen beiden Assistenten: links die Edelmut von Ercole Ferrata und daneben die Großzügigkeit von Giuseppe Peroni. Auf einem ebenfalls von Algardi stammenden Basrelief im Sarkophag werden zwei Episoden aus dem Leben des Papstes erzählt. In der Mitte befndet sich eine Figur, die mit dem Rücken dem Betrachter zugewandt, einen Vorhang anhebt, um die Szene auf der rechten Seite zeigt. Die Ereignisse beziehe sich auf die Zeit, zu der Leo Kardinal und Apostolischer Nuntius in Frankreich war. Dort spielte er eine entscheidende Rolle bei dem Verzicht von Heinrich IV auf das Protestantentum. Rechts ist die Episode dargestellt, in der der König sich zum katholischen Glauben bekehrt (1596). Auf der linken Seite die Unterzeichnung des Friedensvertrages von Vervins in Nôtre Dame im Jahre 1598. Die Inschrift SIC FLORVI (So blühte ich) auf einer flatternden Schriftrolle zwischen Rosen bezieht sich auf die Kürze des Pontifikats von Leo XI, das nur 27 Tage dauerte.

DER BILDHAUER UND DEKORATEUR ALESSANDRO ALGARDI WURDE 1598 IN BOLOGNA GEBOREN UND VERSTARB IM JAHRE 1656 IN ROM.

Nach einer ersten Ausbildung in Malerei unter Ludovico Carracci und einer kurzen Lehre in Bildhauerei unter Giulio Cesare Conventi, arbeitete er am Hof der Gonzaga in Mantova. Dort führte er Arbeiten in Elfenbein, Silber und Bronze aus. Im Jahre 1625 wird er von dem Mäzen Ludovisi, einem Neffen von Gregor XV., nach Rom gerufen. Dort restauriert er einige Stücke der reichen und berühmten klassischen Kunstsammlung des gebildeten Kardinals. Dies ist der eigentliche Beginn seiner Karriere mit immer wichtigeren Aufträgen als Bildhauer: Sankt Johannes Evangelist und die Magdalena, Sankt Silvester am Quirinal 1628-1629; das Grabmal von Leo XI. in Sankt Peter, 1634-1651; Sankt Filippo Neri und der Engel, Santa Maria della Vallicella 1640; das Altarbild aus Marmor mit der Begegnung zwischen Attila und Leo dem Großen in Sankt Peter 1643-1646. Im Jahre 1640 wird er zum Vorsitzenden der Akademie von Sankt Lukas und nimmt als Protagonist an dem künstlerischen Leben in der Stadt zur Zeit von Papst Innozenz X. Pamphilj teil. Für den Palazzo dei Conservatori fertigt er 1650 eine Bronzestatue des Papstes an. Für Camillo Pamphilj, dem Neffen des Papstes, leitete er zwischen 1644 und 1652 zusammen mit Giovan Francesco Grimaldi die Arbeiten an der Villa Belrespiro, bei der Porta San Pancrazio. Seine künstlerische Lehre wurde von einer Bildhauerschule angenommen, die das Ziel hatte, eine an der an den klassischen Idealen von Gefasstheit und Ausgeglichenheit inspirierten Ästhetik zu folgen im Gegensatz zum genialen Überschwang Berninis. Unter seinen Schülern sind Ercole Ferrata und Domenico Guidi zu nennen.

Die Chorkapelle ist mit einem Gitter aus Ei-sen, Bronze und Kristall abgeschlossen. Dieses wurde 1758 von Giuseppe Giardoni angefertigt und ersetzt das Borromini aus dem Jahre 1627. Das Kirchenschiffes tut sich, genau symmetrisch ge-genüber der Kappele des Allerheiligsten Sakra-mentes auf. Sie ist hauptsächlich der Chorlitur-gie des Klerus der Basilika gewidmet. Hier wird ununterbrochen seit dem 5. Jahrhundert gebetet, zuerst von den Mönchen und nach dem Jahr 1000 von den Kanonikern. Bis zur Mitte dieses Jahrhunderts versammelte sich der Klerus täglich für die von der Kirche festgelegten Stundenge-sänge: Frühgottesdienst, Lobgesänge, Hora Prima, Terz, Sext, None, Vesper, Kompletori-um. Seit einigen Jahrzehnten findet dies nur an Sonntagen und Festtagen statt. Der Raum ist auf vier großen Bögen ausgerichtet. Jeder von ihnen wird von einem Paar korinthischer Pfeiler einge-

Chorkapelle

schlossen und ist von einem kurvigen Timpano überspannt. Unter den von Urbano VIII für die Fertigstellung der Kapelle veranlassten Aufträge findet man die Anordnung des Presbyteriums und das Altarbild von dem französischen Maler Simone Vouet (1590-1649), wo zum ersten Mal das Bildnis des Heiligen Johannes Crisostomo erscheint.

Diese neue Präsenz hing mit der Weihung des neuen Altars am 22. Juli 1626 zusammen. Bei diesem Anlass hatte der Kardinal Scipione Borghese unter der Mensa in einem Sarkophag auf schwarzweißem Granit aus dem 2. Jahrhundert, die Reliquie des Heiligen unterbringen lassen. Diese war im Mittelalter von Konstantinopel nach Rom gebracht worden. Um an die ursprüngliche Weihung der Kapelle von Sixtus IV an die Jungfrau zu erinnern und sie gleichzei-

tig mit dem Gedenken der von Urban VIII 1735-1736 gewollten Anordnung zu vereinen, beauftragte die Reverenda Fabbrica den Maler Pietro Bianchi mit einem Gemälde, das die Unbefleckte Empfängnis und die Heiligen Franziskus, Anton von Padua und Johannes Crisostomo darstellt. Bianchi war ein Vertreter des römischen Rokoko. Er arbeitete an dem Bild mit mehreren Unterbrechungen. Bei seinem Tod 1741 war das Gemälde „gemalt aber noch nicht beendet". Obwohl der untere Teil unvollendet war, entschloss man sich, das Bild trotzdem auf dem Altar unterzubringen. Der unvervollständigte Teil wurde teilweise von Michelangelos Pietà verdeckt, die sich zu jener Zeit auf dem Altar befand. Im Jahre 1744 entschied die Kongregation Bianches Werk in Mosaiktechnik ausführen zu lassen. Der untere Teil wurde von dem Schüler Gaetano Sarchi ergänzt und das Bild wurde entgültig in die Basilika Santa Maria degli Angeli gebracht. Nach der Verlegung der Pietà an den heutigen Ort am 3. Dezember 1749 war die Mosaikkopie schon für das Jubiläum 1750 fertiggestellt. Am 8. Dezember

Gewölbe der Chorkapelle

1854 krönte Pius IX anlässlich der Definition des Dogmas der unbefleckten Empfängnis das goldene Bild der Jungfrau mit einem Diadem. 1904 fügte Papst Pius X am 50. Jahrestag der Krone zwölf Sterne aus Brillanten zu, die von einem internationalen Komitee geschenkt worden waren. In dem seitlichen Raum der Kapelle befindet sich ein Chorstuhl mit drei Stufen, der mit Basreliefs und Skulpturen verziert ist. Dieser wurde von Urban VIII in Auftrag gegeben und unter der Leitung von Carlo Maderno ausgeführt. Man findet drei Etagen, die den drei Orden des vatikanischen Klerus entsprechen. Auf der linken Seite dient eine Säule aus schwarz-weißem orientalischem Marmor mit einem Sockel aus Porphir und einem Kapitell aus vergoldeter Bronze als Osterkerze. Sie ist ein Geschenk von Pius VI Braschi.

Grabmal an
Papst Innozenz VIII Cybo
P 214 **(1484-1492)**

Es ist das älteste und kleinste Monument der Basilika und das einzigste Grabmal der alten Basilika, dass komplett in allen Teilen in der neuen Peterskirche wieder aufgebaut wurde. Es wurde 1498 von Kardinal Lorenzo Cybo, dem Neffen des Papstes in Auftrag gegeben. Bei dem Wiederaufbau im Jahre 1621 vertauschte man die Position der auf dem Sarkophag liegenden Figur (früher oben und heute unten) mit der sitzenden. In einer einzigen plastischen Darstellung ist die Figur des Papstes zweimal wiedergegeben. Die eine Statue symbolisiert den Prunk der kaiserlichen Majestät, die andere den Tod, vor dem alle gleich sind. Die Inschrift auf der Base aus schwarzem Stein weist einige geschichtliche Ungenauigkeiten auf. Demnach wäre Amerika zur Zeit des Pontefikats von Innozenz entdeckt worden, der allerdings acht Tage nach dem Aufbruch Kolumbus gestorben ist.

DER MALER, BILDHAUER, GRAVEUR UND GOLDSCHMIED ANTONIO BENCI, AUCH POLLAIOLO (IT. GEFLÜGELHÄNDLER) GENANNT, WURDE 1431 IN FLORENZ GEBOREN UND VERSTARB 1498 IN ROM.

Er war der Sohn eines Geflügelhändlers, daher auch sein Spitzname und war einer der bedeutesten Meister des ausgehenden 15. Jahrhunderts in Florenz. Zu Beginn arbeitete er als Goldschmied und auf diese Technik kam er viele Male im Laufe seines Lebens zurück. Er führte niemals Marmorskulpturen aus. Bei seinem Werk als Maler legte er den Schwerpunkt auf die Erforschung des menschlichen Körpers, ein Thema, das die Kreise in Florenz zu jener Zeit interessierte. Für die vatikanische Basilika führte Pollaiolo ausser dem Denkmal an Innozenz VIII. auch das Grab aus, wo die Grabmäler von Sixtus IV. Rovere aufbewahrt wurden, die sich heute im Schatzmuseum der Basilika befinden.

Sie wurde 1666 von Alexander VII renoviert und ist die letzte das Marienzyklus in der Basilika. Das Thema der Präsentation der Maria stammt nicht aus den kanonischen Büchern sondern aus den apokryphischen Evangelien: der Protoevangelist Jakob und das Evangelium des Pseudonyms Matthäus. Diese zwei Texte erlangten im Mittelalter große Popularität. Dort wird erzählt, dass die gerade drei Jahre alte Maria von ihren Eltern zur Weihung zum Tempel gebracht wird. Um zu den Opferaltaren zu gelangen, die sich außerhalb des Tempels befanden, musste man 15 Stufen hinaufsteigen. Diese entsprachen den Salmen, die vom Volk Israel beim hinaufgehen der Treppe gesungen wurden. Maria stieg allein hinauf, ohne jegliche Hilfe und ohne sich nach ihren Eltern umzuschauen, wie es ein Kind ihres Alters gemacht hätte.

Die Kapelle der Präsentation

Maria als Kind, Detail des Altarbildes
Mosaik mit der Darstellung die Einführung in den Tempel

Das Grabmal
der Königin Maria Clementina Sobieski
→ Sckop 20/r (1739-1742)

Die Königin war die Nichte von Johannes II, König von Polen, und Gattin es englischen Königs Jakob III. Sie verstarb 1735 in Rom. Sie ist die dritte und letzte weibliche Person in zeitlicher Reihenfolge, die in Sankt Peter begraben wurde. Das Werk wurde 1742 beendet. Die Entwürfe stammen von Filippo Barigioni, die Skulpturen von Pietro Bracci und die Metallarbeiten von Giovanni Giardini. Das Werk zeichnet sich durch die für das 18. Jahrhundert typische Eleganz aus. Zwei Engel zeigen die Insignien der Königswürde, das Zepter und die vergoldete Bronzekrone. Auf dem Sarkophag hält die Figur der Barmherzigkeit in der linken erhobenen Hand ein Herz, aus dem eine Flamme aus vergoldeter Bronze leuchtet. Nahe dabei stützt ein Engel das Gemälde der Königin. Es wurde von Pietro Paolo Cristofari nach einem Orginal Ölgemälde von Ludovico Stern in Mosaiktechnik ausgeführt.

Es wurde als Imitation eines stumpfen pyramiden-förmigen Grabsteins ersonnen und ist das zweite Werk von Antonio Canova für die vatikanische Basilika. In seiner einfachen Linienführung huldigt er die letzten Vertreter dieser ruhmreichen englischen Familie und verleiht dieser Zone, zusammen mit mit dem gegenüberliegenden Monument, fast den Charakter einer Familienkapelle. Das Denkmal ist Jakob II (1688-1766), dem Gemahl von Maria Clementine Sobieski geweiht sowie ihren zwei Söhnen, Karl Eduard (1720-1788), Fürst von Albany und dem Kardinal Heinrich Benedikt (1725-1807), IX Fürst von York und Bischof von Frascati. Sie sind im Profil unterhalb des Bordes abgebildet. Der Künstler vereinigte seine neoklassizistischen Inspirationen, die durch Elemente mit heidnischem Einschlag gekennzeichnet sind, mit einer lebhaften christlichen Lyrik. Die weiche Patinierung der Marmoroberfläche verbindet die verschiedenen Elemente der Komposition, von den Büsten der drei Stuarts zu den Figuren der Geister, die mit umgedrehter Fakkel die Lebensflamme löschen. Sie befinden sich an der Seite der geschlossenen Tür zum Grab und symbolisieren mit ihrem Verhalten die zuversichtliche christliche Gelassenheit angesichts des Todes. Auf dem Giebelfeld steht geschrieben: BEATI MORTVI / QVI IN DOMINO MORIVNTVR (Selig sind die Toten, die in Gott sterben, Apokalypse 14,13). Dieses Denkmal wurde auf Kosten von Georg V von England errichtet, dem siegreichen Rivalen der Familie Stuart.

Das Monument der Familie Stuart (1817-1819)

Die Taufkapelle

Nach der Verlegung des Stuhls des Heiligen Petrus aus dieser Kapelle zum Denkmal in der Absis des Presbyteriums, verfügte Innozenz XII Pignatelli (1691-1700) die Aufstellung eines Taufbeckens.

Der Raum, in dem sich das Taufbecken befindet, ist ein Werk von Carlo Fontana. Es ist von einer Balustrade umgeben. Im Inneren findet man drei Altarbilder in Mosaiktechnik: In der Mitte Jesus Taufe von Carlo Maralta, heute in der Basilika Santa Maria degli Angeli. Rechts, die Taufe der Heiligen Processo und Martiniano von Giuseppe Passeri und links Sankt Peter tauft den Zenturio Cornelius von Andrea Procaccini.

Das Taufbecken

Im Zentrum der Kapelle befindet sich das Taufbecken. Mit seiner Schaffung wurde 1692 Carlo Fontana beauftragt. Er setzte sich am Ende eines Wettbewerbes durch, an dem über 20 der bekanntesten Künstler seiner Zeit teilgenommen hatten. Das Werk wurde nach einer schwierigen Planungsphase ausgeführt (der erste Entwurf wurde abgelehnt, weil er als zu platzraubend und teuer betrachtet wurde). Fontana verwendete eine kostbare 4x2m große Muschel aus rotem Porphir heidnischen Ursprungs wieder. Man glaubt, das sie aus dem Grab des Kaisers Hadrian (Engelsburg) stamme und dann als Sarkophagdeckel des Kaisers Otto II diente. Dieser war 988 in Rom verstorben und im Atrium der antiken Basilika beigesetzt. Das Taufbecken ist mit einem Deckel auf vergoldeter Bronze verschlossen, das von Fontana selbst entworfen und von Giovanni Giardini ausgeführt wurde. Darauf befindet sich das Agnus Dei

von Lorenzo Ottoni, dem Symbol für Christus den Erlöser. Auf der Vorderseite stellt ein Medaillon die Heilige Dreifaltigkeit, die die Welt segnet, dar. Das Medaillon wird an den Seiten von zwei Engeln von Michel Maille gehalten.

Michel Maille, *Engel*
Abdeckung des Taufbeckens

CARLO FONTANA, ARCHITEKT GEBOREN 1634 IN BRUSATA UND VERSTORBEN 1714 IN ROM
Er kam aus einer aus dem Tessin stammenden Architektenfamilie und gehörte zu jenen norditalienischen Meistern, die sich im 17. und 18. Jahrhundert durch ihre technischen und funktionellen Eingriffe in das Stadtbild Roms auszeichneten. Der Neffe des berühmteren Domenico, Architekt von Sixtus V., führte zahlreiche Arbeiten aus, bei denen er den Einfluss von Bernini, Carlo Rainaldi und Borromini nicht verleugnete. Das Hauptkennzeichen seines Schaffens ist die Suche nach der klassischen Harmonie und Klarheit, ein Ergebnis auch seines aufmerksamen Studiums an antiken Modellen. Als Gelehrter veröffentlichte er 1694 seinen ersten technischen und philosophischen Text in zwei Sprachen über die Geschichte der vatikanischen Basilika. Er versuchte diese Erfahrung auch mit dem Kolosseum und dem Montecitorio zu wiederholen. Er dekorierte Paläste und Familienkapellen in zahlreichen Kirchen und war der Nachfolger Berninis im Amt des päpstlichen Architekten.

INDEX

DIE BESICHTIGUNG .... Seite 19

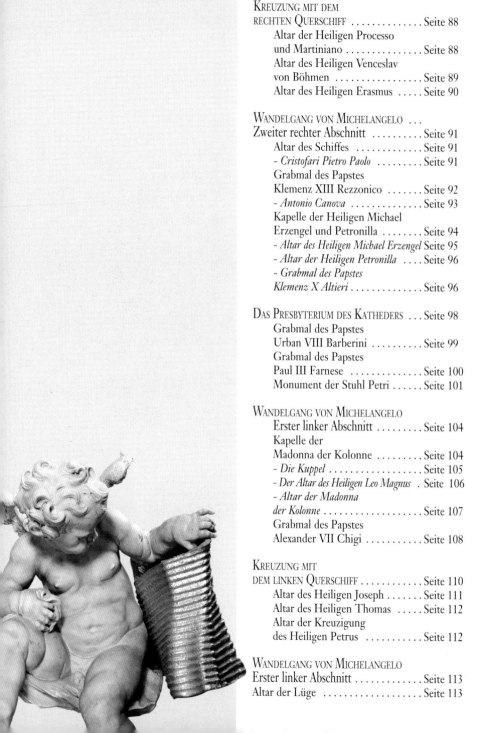

© Copyright 2003
Libreria Editrice Vaticana - Ats Italia Editrice srl
Das Buch wurde bearbeitet und verwirklicht von
ATS Italia Editrice (Francesca Cesari) - Roma
Via di Brava, 41/43 - Tel. e Fax 0666415961-0666512461
www.atsitalia.it

Redaktion und technische Koordination
Frida Giannini
Graphisches Projekt
Ats Italia Editrice (Francesca Cesari)
Photolit
ATS Italia Editrice - Roma
Druck
Papergraf - Padova
Fotografien
Fotografisches Archiv Fabbrica Sankt Peter
Archiv Ats Italia Editrice

ISBN 88-88536-73-6